RESETEA TU MENTE

Descubre de lo que eres capaz

Dr. Mario Alonso Puig

Resetea tu mente

Descubre de lo que eres capaz

PAIDÓS

Obra editada en colaboración con Editorial Planeta - España

© 2021, Mario Alonso Puig

Diseño de portada: Planeta Arte & Diseño
Ilustración de la portada: Borja Alonso Lluch a partir de la imagen de
©SciencePhotoLibrary/AGE
Ilustraciones de interior: Ilustraciones de Teresa Sánchez-Ocaña a partir de
imágenes de © Freepick y © Shutterstock
Fotografías del autor: Facilitadas por el autor

© 2021, Editorial Planeta, S. A. - Barcelona, España

Derechos reservados

© 2025, Ediciones Culturales Paidós, S.A. de C.V.
Bajo el sello editorial PAIDÓS M.R.
Avenida Presidente Masarik núm. 111,
Piso 2, Polanco V Sección, Miguel Hidalgo
C.P. 11560, Ciudad de México
www.planetadelibros.com.mx
www.paidos.com.mx

Primera edición impresa en España: marzo de 2021
ISBN: 978-84-670-6204-5

Primera edición impresa en México: febrero de 2023
Séptima reimpresión en México: febrero de 2025
ISBN: 978-607-569-411-5

Impreso en los talleres de Litográfica Ingramex, S.A. de C.V.
Centeno núm. 162-1, colonia Granjas Esmeralda, Ciudad de México
Impreso en México – *Printed in Mexico*

No puedes despertar de un programa
si no sabes que estás dentro de él.

Dedico este libro a todas aquellas personas que tienen un profundo anhelo de libertad y saben que hay algo en su interior que deben dejar marchar para que algo nuevo y transformador empiece a emerger.

ÍNDICE

Introducción

Un ser humano es parte de un conjunto que es el universo, una parte limitada en el tiempo y el espacio. Él se experimenta a sí mismo, sus pensamientos y sus sentimientos como algo separado del resto. Esto es solo una ilusión óptica de su consciencia.

ALBERT EINSTEIN

Cuando en 1981 las investigaciones del profesor Roger Sperry fueron reconocidas como para que se le otorgara el Premio Nobel de Medicina, el mundo todavía no era consciente del alcance de sus descubrimientos. Lo que él y sus colegas, sobre todo el doctor Michael Gazzaniga, demostraron, es que asociada al cerebro humano no había una única mente, sino dos. Esto no tendría más relevancia si no fuera porque ambas están con frecuencia enfrentadas. Las conclusiones de las investigaciones del doctor Sperry y su equipo tienen una repercusión enorme a la hora de entender mejor todos y cada uno de los aspectos de nuestra vida, desde la forma en la que percibimos las cosas hasta nuestra manera de pensar, de sentir y de actuar. El conflicto que existe entre esas dos mentes repercute en la relación que establecemos con nosotros mismos, con los demás, y tiene implicaciones importantes en la salud y en el nivel de prosperidad que disfrutamos.

A través de las páginas de este libro te invito a que me acompañes en un viaje de descubrimiento. Hay un enorme potencial dormido en cada uno de nosotros y el desafío es saber cómo acceder a él y despertarlo.

Si queremos cambiar la forma de pensar, de sentir y actuar para atraer a nuestra vida un nuevo nivel de salud, bienestar, abundancia y felicidad, hemos de descubrir eso que hasta ahora se había mantenido oculto. En todos nosotros existen cosas de las que sí nos estamos dando cuenta y otras de las que no. No somos conscientes de las imágenes internas que proyectamos constantemente acerca de nosotros mismos, de los demás y del mundo. Si viéramos esas imágenes entenderíamos por qué nos alteramos por cosas que para nosotros no tienen sentido. También comprenderíamos por qué a veces somos tan hábiles a la hora de ejercer ese autosabotaje que nos priva de cualquier opción de éxito cuando queremos alcanzar determinadas metas. Prestamos atención a lo que se está proyectando en la pantalla de nuestro consciente y estamos completamente ciegos a lo que se está proyectando en la pantalla de nuestro inconsciente. Por eso no entendemos por qué nos sentimos como nos sentimos. *Resetea tu mente* quiere ayudarte a que accedas a eso que se está proyectando en la pantalla de tu inconsciente. Entenderás por qué reaccionas como reaccionas y te darás cuenta de lo que necesitas entrenar para ser alguien que, en lugar de reaccionar, responda. En eso radica tu libertad creativa. Si no comprendes lo que está sucediendo dentro de ti, si no lo ves, es difícil que puedas gestionarlo.

A lo largo de estas páginas vas a familiarizarte con la manera en la que operan tus distintas mentes en su relación no solo con determinadas regiones de tu cerebro y tu cuerpo, sino también con el universo. Comprobarás que esas mentes tan divididas y enfrentadas tienen un lado oscuro y un lado luminoso. Esto no significa para nada que uno de dichos lados sea malo y el otro bueno, solo que hay uno que está oculto a la consciencia y el otro no.

Cuando la consciencia abraza ambos lados y los integra, emerge algo nuevo y extraordinario a lo que llamamos consciencia unificada o despertar. También verás que cuando no te sientes capaz de resolver un problema o de hacer frente con éxito a un desafío complejo, la verdadera explicación a lo que te pasa no la vas a encontrar en una supuesta falta de recursos, sino en el hecho de que estás en un estado mental en el que esos recursos que necesitas para tener éxito no los tienes en ese momento disponibles. El agua en estado líquido, la nieve, el hielo y el vapor de agua son lo mismo, agua y, sin embargo, se encuentran en un estado diferente. El agua líquida la puedes beber, en la nieve puedes esquiar, sobre el hielo puedes patinar y el vapor puede desplazar un barco o mover poderosas turbinas. Esto se aplica igual a los seres humanos. Hay estados en los que emergen grandes recursos y otros en los que no. Que no los despleguemos cuando más los necesitamos no significa que no dispongamos de ellos por más que dé la impresión de que eso es así.

Hay otra posible explicación y es que esos recursos estén dormidos. El camino para reclamar nuestro verdadero poder interior y vivir en libertad no es fácil, porque con frecuencia no queremos sentir nuestros sentimientos y, por eso, hemos desconectado de ellos deshumanizándonos. Pasar de un mundo conocido y familiar a uno que no lo es, y cambiar la mirada enjuiciadora por una contemplativa, es un gran reto. Dejar de querer controlar y abrirse a un dejarse hacer es, sin duda, exigente. Dejar atrás aquello que nos limitó en el pasado para que pueda nacer un presente y un futuro que no sean una simple proyección del pasado, va a pedir de nosotros un alto grado de valentía, determinación y compromiso.

Quiero ofrecerte un «ojo inteligente» para que veas con claridad lo que puede estar sucediendo sin que te estés dando cuenta.

Elegí seguir el camino de la medicina hace ya medio siglo, y desde entonces he buscado formas de reducir el sufrimiento humano. Hoy padecemos pandemias, cambios climáticos severos, rivalidad entre naciones, desencuentros políticos y sociales, y creemos que son cosas que nos vienen de fuera y sobre las que no tenemos ninguna capacidad de control. ¿Y si esto no fuera así? ¿Y si no viéramos el mundo que es, sino el mundo que somos, el mundo que proyectamos? Si decidimos ser ese cambio que queremos que haya en el mundo, hemos de descubrir qué transformación es necesaria que suceda, tanto individual como colectiva. Para conseguirlo, podemos desarrollar el interés, la curiosidad y la audacia de dirigir nuestra mirada hacia ese interior que nos revele la verdad acerca de nosotros mismos.

Sé que el recorrido que te animo a seguir no es fácil y por eso la pregunta que te invitaría a hacerte antes de emprender esta gesta de autodescubrimiento y reinvención, no es cuánto me va a costar, sino hasta dónde me puede llevar.

Es mi ilusión que te lleve hasta donde puedes y mereces estar, un mundo de abundancia y felicidad.

DR. MARIO ALONSO PUIG
Madrid, enero de 2021

1
EL CEREBRO HUMANO
Y NUESTROS SISTEMAS OPERATIVOS

Comprender cómo funciona el cerebro humano tiene una extraordinaria importancia para entender la vida mental. En este sentido, hay investigaciones muy sofisticadas que empezaron en el siglo XIX, en la llamada Escuela de Viena y que nos desvelaron aspectos fundamentales sobre la importancia que juega el inconsciente en nuestras vidas. Siempre ha habido por otro lado un marcado interés en conocer cuáles eran las estructuras cerebrales sobre las que se sostenían determinadas funciones mentales, funciones tales como el pensamiento, el habla o las emociones. Ya el gran Theodor Meynert, en la clínica psiquiátrica de Viena, hacía autopsias para encontrar una correspondencia entre ciertas patologías mentales y algunas alteraciones cerebrales.

La comprensión de que hay toda una vida mental de la que no somos en absoluto conscientes permitió que grandes científicos y médicos como Josef Breuer y Sigmund Freud en Austria, Charcot en Francia, Carl Gustav Jung en Suiza o Milton Erickson en los Estados Unidos, descubrieran caminos apasionantes para contactar con ese mundo oculto y desconocido que era el inconsciente humano. El interés por un mundo inconsciente que está tomado siempre decisiones en nuestras vidas sin que nos percatemos de que las toma no ha parado de crecer.

Poder entender de una forma sencilla y a la vez profunda cómo está organizado el cerebro y la manera en la que sus distintas estructuras recogen información, la procesan y deciden un curso de acción, nos va a permitir gestionar mejor la mente y, por consiguiente, también nuestra vida. Para ello, vamos a explorar los sistemas operativos que están afectando a lo que percibimos, a lo que pensamos y a lo que hacemos.

Denominamos sistema operativo al *software* principal de un sistema informático. El sistema operativo gestiona los recursos del *hardware* —la estructura física del ordenador— y a su vez permite que otros programas puedan funcionar. El sistema operativo sería un metaprograma; es decir, un programa que soporta otros. El sistema operativo maneja, por tanto, todos los programas del ordenador.

Hemos de distinguir en lo que a la mente humana concierne, no uno, sino cuatro sistemas operativos que dan soporte a su vez a otros programas y que utilizan los recursos de los que disponemos los seres humanos. Cada uno de esos sistemas operativos tiene programas que recogen un tipo de información que es diferente según del que se trate. Cada uno da soporte a un programa que valora esa información de cierta manera y decide qué acciones quiere que se emprendan para conseguir unos determinados objetivos. A su vez, cada sistema operativo ha de dar soporte a otro programa que ejecute, que lleve a cabo la decisión tomada. Todos sabemos que la comparación de un

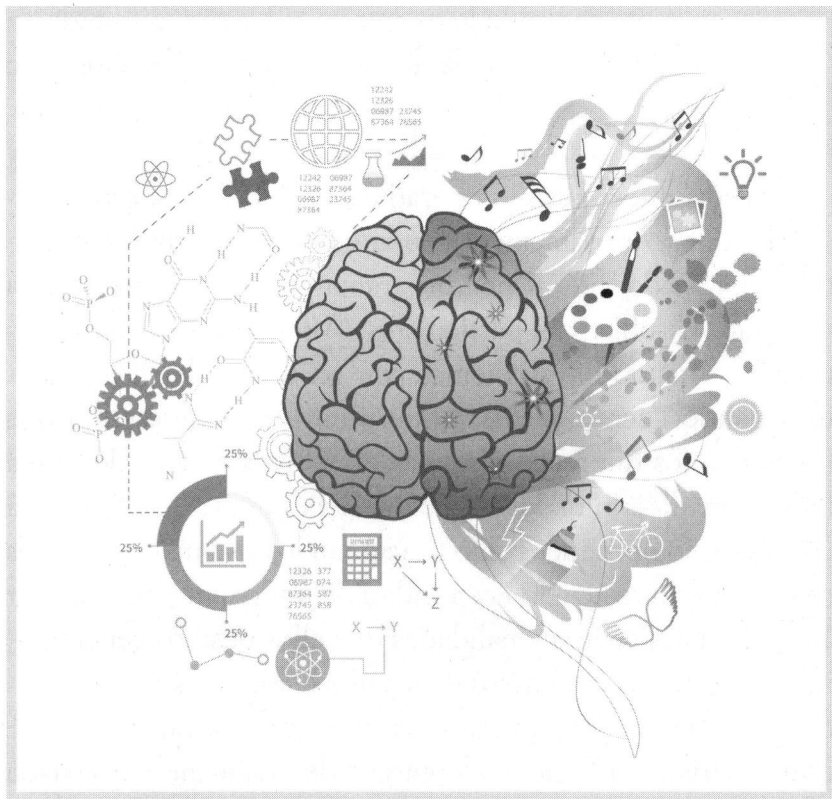

ser humano con un ordenador puede no ser la más adecuada y, sin embargo, tendría sentido si tuviéramos en cuenta los siguientes elementos:

— El *hardware* en nosotros los seres humanos no solo sería el cerebro y el cuerpo, sino también el universo en su conjunto, tanto la parte material que se ha manifestado en el mundo de la forma, la materia, el tiempo y el espacio y la parte que no se ha manifestado y que, sin embargo, también existe aunque no la captemos con los cinco sentidos.

— El sistema operativo incluiría una serie de programas biológicos y mentales que estarían en una interacción constante con todo lo existente, se haya manifestado en la realidad física o se encuentre en una realidad no física.

Los distintos sistemas operativos dan soporte a otros programas que, curiosamente, pueden no tener objetivos compartidos, haciendo que dichos programas rivalicen entre sí para alcanzar sus objetivos particulares. Aunque esto llega a sorprender, cuando lo estudiemos con un mayor detalle nos iremos dando cuenta de hasta qué punto la manera en la que funcionan los diferentes sistemas operativos explica de forma muy clara determinados aspectos de la conducta. El llegar a conocer y comprender cómo funcionan los sistemas operativos nos va a permitir tener la capacidad de intervenir para corregir algunas de las disfuncionalidades que ellos mismos generan.

Los sistemas operativos de los que hablamos son inteligentes, y lo que buscan es generar en nosotros esa capacidad que es necesaria para llegar a adaptarnos de una manera adecuada a esa realidad exterior e interior con la que estamos en contacto. Para ello, estos sistemas han de utilizar una serie de sensores que les permitan captar información tanto del mundo exterior como de nuestro mundo interior. Además, cada uno de ellos ha de ser capaz de separar, de leer, de escoger entre toda la información que recibe, aquella que considera más relevante para llevar a cabo de forma adecuada sus funciones específicas. Una vez que se han recibido los datos, se han escogido los más relevantes, lo que cada sistema operativo hace es decidir un curso de acción. Esa decisión ha de estar encaminada a conseguir tres objetivos fundamentales:

— Sobrevivir.
— Adaptarse a los cambios.

— Favorecer un crecimiento, una evolución, una maduración que maximice las posibilidades y potencialidades del individuo en cuestión.

Podemos decir que un sistema operativo es funcional cuando cumple estos tres objetivos, y que cuando no los cumple es disfuncional.

> Un sistema disfuncional es aquel que dificulta o evita que el individuo sobreviva, que se adapte a las situaciones de cambio o que pueda evolucionar para maximizar sus posibilidades y avanzar en su camino a la plenitud.

Si un sistema operativo no es capaz de captar una determinada información, de saber leerla y evaluarla correctamente, o si no favorece decisiones y conductas que faciliten la supervivencia, la adaptación o la evolución del individuo, entonces ese sistema operativo está fallando.

Para actuar de una forma adecuada en un determinado entorno es necesario llegar a conocer dicho entorno, saber cómo opera, descubrir cuáles son los patrones dominantes y de qué manera estos nos afectan.

2
LAS DISTINTAS MANERAS DE CONOCER

El ser humano dispones de cinco maneras de conocer tanto la realidad exterior como la realidad interior:

1. LA RAZÓN

La razón le da a un sistema operativo la capacidad de pensar, de reflexionar, de formar conceptos y de poder explicarlos. A la razón se le debe la capacidad de abstracción, lo que significa extracción de determinadas características o rasgos de aquello que se observa. La palabra silla es, por ejemplo, una abstracción en la que se extraen los rasgos fundamentales que tienen todas las sillas. Igual pasa con palabras como caballo, nube o planta. Conoces uno y ya puedes distinguir todos.

2. LOS SENTIMIENTOS

Los sentimientos le dan al sistema operativo la capacidad de evaluar esa información que recibe, de valorarla, de discriminarla, de atribuirle una importancia concreta. Si la razón nos dice lo que es algo determinado, los sentimientos nos dicen si ese algo es agradable o no lo es, y qué relevancia tiene en nuestra vida.

3. LAS SENSACIONES

Las sensaciones le dan al sistema operativo la capacidad de entrar en un contacto directo y sensorial con una realidad precisa. Es un ver, un oír, un oler, un gustar o un tocar dicha realidad.

4. LA INTUICIÓN

La intuición le da al sistema operativo la capacidad de captar y leer realidades muy profundas que están más allá del pensamiento, del sentimiento o de la sensación. La revelación entraría por este canal de la intuición. Ludwig van Beethoven, el genial compositor alemán, decía que a él la música le era revelada. Los propios místicos, sean de la tradición que sean, han entrado a través de la intuición en contacto con unas realidades a las que denominamos suprasensoriales, es decir, que van más allá de los sentidos. Hay por consiguiente un nivel de intuición que está captando información que nos llega por los sentidos sin que seamos conscientes de ello. Hay también otro nivel mucho más sofisticado de intuición que es capaz de recibir información de dimensiones que escapan por completo a la razón. Jung se refería a este tipo de intuición cuando hablaba de los sueños colectivos en los que una persona conectaba con un saber ancestral de la humanidad al que él denominó inconsciente colectivo.

5. LA IMAGINACIÓN

La imaginación le daría al sistema operativo la capacidad de conectar con un mundo de infinitas posibilidades y dar lugar

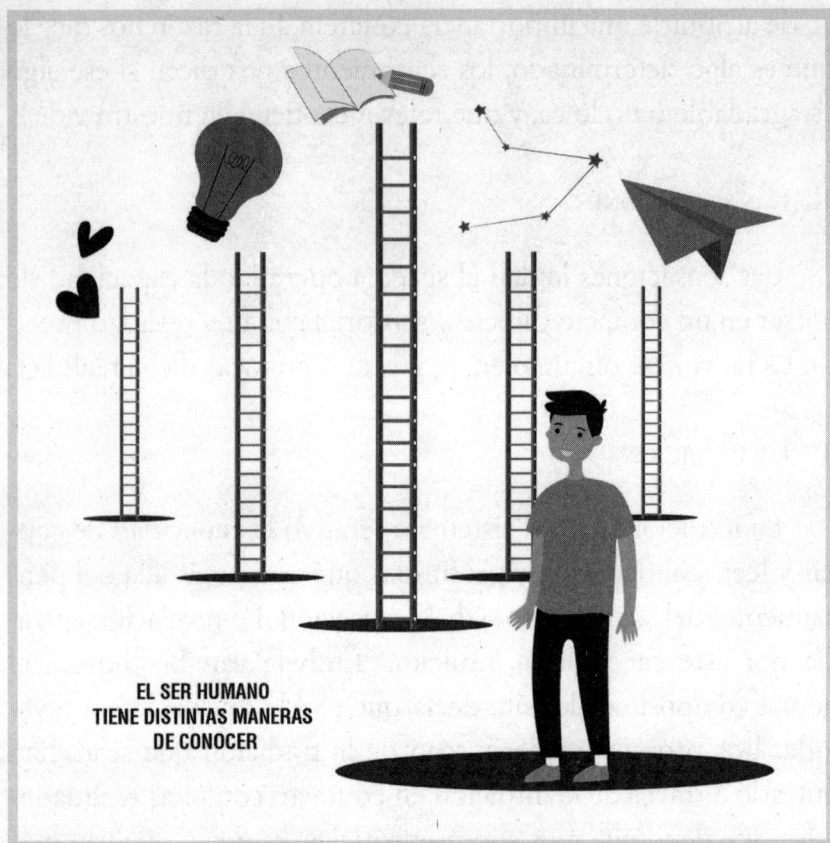

EL SER HUMANO
TIENE DISTINTAS MANERAS
DE CONOCER

a la manifestación de una nueva realidad que, previamente, no se habría materializado en el mundo de las formas. Ambas, intuición e imaginación, trabajarían a un nivel suprasensorial y tendrían diferentes niveles de sofisticación.

La imaginación tiene dos niveles en su relación con la creatividad. El más básico de ellos consistiría en la creación de algo nuevo como, por ejemplo, una obra de pintura o un nuevo diseño arquitectónico. El otro nivel de la imaginación correspondería a la capacidad de manifestar en el mundo de la materia, de los sentidos y de las formas, algo que previamente estaba en un mundo energético más allá de la materia, del tiempo y del espacio. Es decir, la intuición captaría y la imaginación crearía, manifestaría.

3
LOS SENSORES, ESAS ANTENAS QUE NOS CONECTAN A TODO Y CON TODO

Existen tres clases de sensores que los sistemas operativos poseen para evaluar la información del exterior:

— Órganos de los sentidos externos: vista, oído, gusto, tacto, olfato.
— Órganos de los sentidos internos: interocepción (captaría señales de las vísceras, los tejidos y las células) y propiocepción (captaría señales de los músculos, tendones, fascias y ligamentos).
— Órganos de captación suprasensorial que posiblemente reaccionan a diferentes tipos de frecuencias energéticas. Si bien esto pertenecería al mundo más esotérico, aclararían ciertos fenómenos que no se podrían explicar de otra manera. Entre esos fenómenos hablaríamos de las premoniciones. El propio Jung, en un viaje de tren,

tuvo una visión de una ola gigantesca de sangre que lo iba englobando todo. Aquello fue tal vez una premonición de lo que se convertiría en la Primera Guerra Mundial.

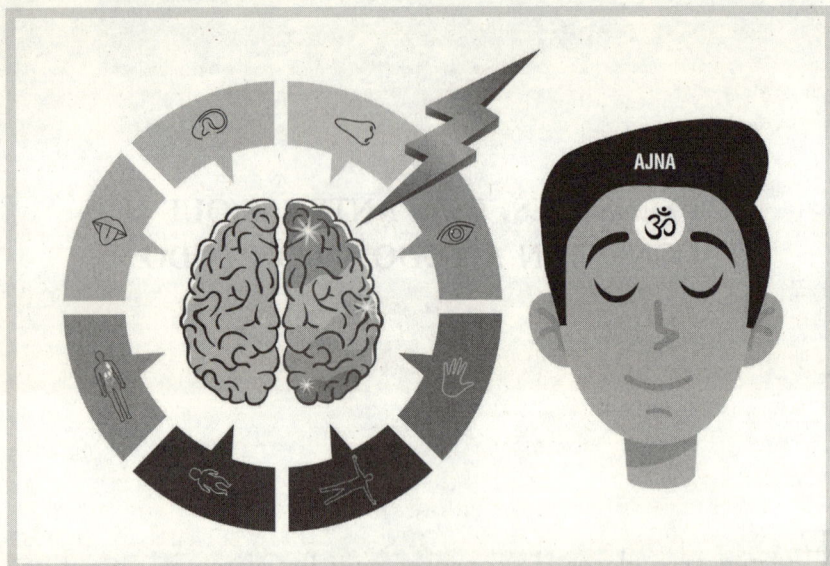

En la literatura hindú, ajna, el sexto chakra o tercer ojo, cuando se abre permite superar el velo de las apariencias y percibir una realidad más profunda. Es decir, que todos los seres humanos disponemos de cinco maneras de conocer tanto el mundo interior como el mundo exterior.

Además, disponemos de tres tipos de sensores que recogerían información para que la razón, los sentimientos, las sensaciones, la intuición y la imaginación pudieran utilizar su capacidad de separar, de leer, de escoger, de valorar, de decidir y de actuar para poner en marcha aquellas conductas que favorezcan la supervivencia, la adaptación a los cambios y una evolución que despliegue nuestro potencial y nos permita alcanzar la plenitud.

Los sensores y las cinco maneras de conocer están integrados de una determinada manera en los cuatro sistemas operativos. Cada uno de ellos recibe información de distintos receptores, la procesa de una forma específica y lanza su propuesta para que se siga un curso de acción concreta. Dado que estos cuatro sistemas operativos son esenciales para la supervivencia, nuestra adaptación y nuestra evolución, el hecho de que funcionen o no de modo adecuado tiene un enorme impacto en todos los aspectos de la vida, desde nuestra supervivencia física hasta nuestra prosperidad, bienestar y felicidad. De ahí que su importancia sea tan grande.

Los cuatro sistemas operativos se asientan en estructuras físicas distintas, aunque estén interconectadas entre sí. Además, al menos uno de esos cuatro sistemas, que se encontraría en el hemisferio cerebral derecho, estaría conectado con la dimensión suprasensorial o espiritual de la existencia.

Los sistemas operativos están situados en el hipotálamo, el sistema límbico, el hemisferio izquierdo y el hemisferio derecho del cerebro. Aunque los cuatro buscan de alguna manera cubrir los tres objetivos que hemos visto, supervivencia, adaptación y evolución, cada uno de estos objetivos tiene una mayor o menor relevancia y un significado diferente, dependiendo del sistema operativo del que se trate.

HIPOTÁLAMO

Para el hipotálamo, la supervivencia significa comer y evitar que te coman. La adaptación significa reconocer cambios que afecten a la supervivencia física y buscar formas de adaptarse a ellos. La evolución, la maximización de posibilidades implicaría la reproducción para transmitir los genes a las siguientes generaciones.

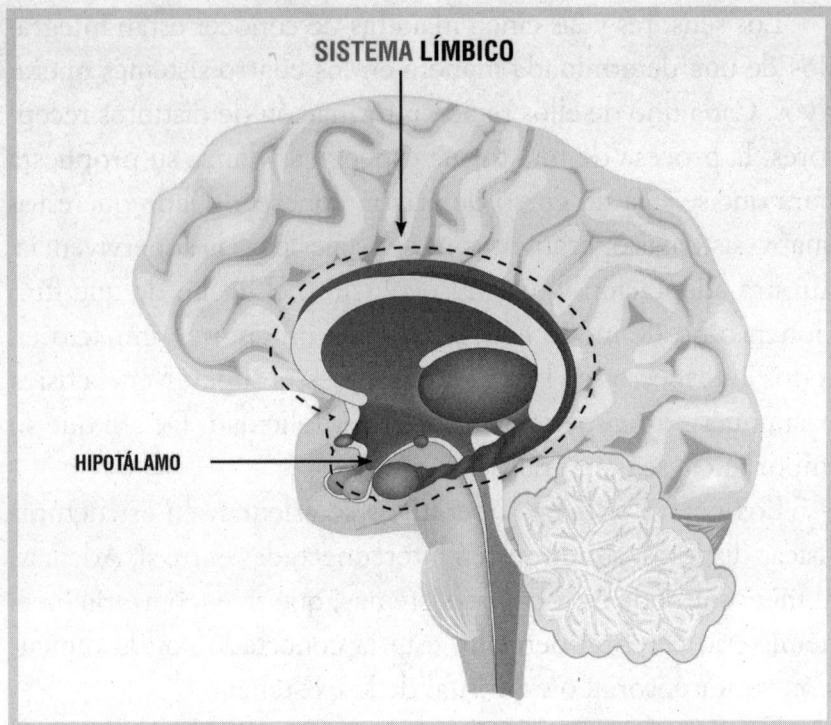

SISTEMA LÍMBICO

HIPOTÁLAMO

Sistema límbico

Para el sistema límbico, la supervivencia no solo implicaría comer y evitar ser comido, sino, además, lograr la generación de vínculos afectivos. La adaptación significaría aprender las reglas y normas culturales que existen y que son necesarias para que la cultura en la que vivimos nos acepte.

Para el sistema límbico la evolución significaría la capacidad de estar más conectado con el placer y menos con el sufrimiento.

Hemisferio izquierdo

Para el hemisferio izquierdo la supervivencia implicaría la permanencia de nuestras ideas, de nuestro punto de vista, de nuestras creencias a lo largo del tiempo. La adaptación implicaría el conocimiento científico de lo que existe en una determinada realidad para describirlo, conceptualizarlo, saber bajo qué principios opera y poder así manipularlo, utilizarlo.

Para el hemisferio izquierdo la evolución significaría utilizar la ciencia y la tecnología que de ella deriva para crear sociedades con un mayor grado de bienestar.

Hemisferio derecho

Para el hemisferio derecho la supervivencia implicaría el reconocimiento de nuevos patrones en entornos que son cambiantes e inciertos. La adaptación significaría el desarrollo de la cooperación a base de empatía y voluntad de encuentro. La evolución significaría la superación de la dualidad y el encuentro con la dimensión más profunda de la existencia. En palabras del gran psicólogo norteamericano, Abraham Maslow, sería lo que él denominó la autorrealización. Los budistas hablarían del despertar y en el cristianismo se haría referencia al encuentro con Dios.

4
LA IMPORTANCIA DE SABER
QUÉ HACER EN LOS MOMENTOS CLAVE

La función principal de los cuatro sistemas operativos es saber qué hacer en las distintas circunstancias en las que los seres humanos nos encontramos para así maximizar las posibilidades de sobrevivir, de adaptarnos a situaciones de cambio y evolucionar. En un árbol, por ejemplo, sus sistemas operativos tendrían que ser capaces de favorecer que este no muriera, que se pudiera adaptar a diferentes características ambientales y que pudiera crecer hasta alcanzar su máximo desarrollo, su mayor grado de madurez. Lo mismo sucede en un ser humano, aunque con un nivel de sofisticación muchísimo mayor.

Si alguno de los sistemas operativos no sabe lo que hay que hacer, entonces se pone en riesgo la supervivencia, la capacidad de adaptarnos a los cambios o nuestra evolución personal. Por eso, es esencial que los cuatro sistemas operativos reciban la mayor cantidad de información que sea relevante y que, además, sepan procesarla, leerla y valorarla en su justa medida. También es fundamental que una vez procesada tomen la decisión más adecuada y pongan en marcha la acción más eficiente y eficaz para obtener el resultado buscado. Sabremos que la actuación de cada sistema operativo ha sido la adecuada si ha sabido qué hacer para protegernos de un peligro que atenta contra nuestra supervivencia. También habrá mostrado su eficiencia un sistema operativo si ha sabido qué hacer para que hayamos podido adaptarnos a una situación nueva y, finalmente, sabremos que un sistema operativo ha cumplido adecuadamente su función si ha sabido qué hacer para favorecer que crezcamos, que evolucionemos, que maduremos y florezcamos como seres humanos.

Por todo ello, los sistemas operativos han de ser capaces de protegernos de los peligros y de descubrir las oportunidades. Solo si nos protegen de determinadas situaciones de peligro y aprovechan las oportunidades existentes, oportunidades que no siempre son obvias, vamos a tener más opciones de sobrevivir, adaptarnos y florecer.

Cada sistema operativo ha de saber qué información buscar y cómo buscarla. También tiene que saber reconocer aquella que existe en su entorno y que ya está disponible si se presta suficiente atención. ¿Qué información buscar? Esta es una pregunta que se responde desde el análisis y la reflexión. ¿Dónde buscarla? Es una pregunta que se responde desde la indagación y la exploración. ¿Qué información hay ya disponible en el entorno inmediato? Es una pregunta que se responde a través de la atenta observación.

Si un sistema operativo no está de entrada haciéndose esas tres preguntas es muy difícil que los sensores correspondientes capten ningún tipo de información que exista, sea relevante o no. Sabiendo que el ojo es uno de nuestros sensores, ¿cómo vamos a captar ninguna información visual relevante si lo tenemos cerrado o si simplemente estamos mirando donde no tenemos que mirar?

Si, por otra parte, el ojo está captando una determinada información, pero no se sabe leer, valorar, interpretar correctamente, entonces nos será de poca utilidad disponer de tal información. Si el sensor capta la información, es adecuadamente leída, valorada e interpretada, pero no llega a los centros de decisión y de actuación, entonces no podrá ser aprovechada. Por eso, hay que considerar la existencia de una serie de obstáculos para que podamos sobrevivir, adaptarnos o florecer. Estos obstáculos de alguna manera están «hackeando» uno o varios sistemas operativos.

— Los sensores no están captando adecuadamente la información, bien porque no están activados, bien porque estando activados no están orientados en la dirección correcta.

— La información que llega no es valorada, interpretada de una manera correcta. Hay un alejamiento entre esa valoración, esa interpretación y lo que realmente representa.

— Los centros de decisión no actúan según dicha valoración, bien porque no les llega, bien porque dan prioridad a otro tipo de decisiones que consideran más relevantes.

— Los centros de ejecución no actúan sobre la decisión que se ha tomado (hay algo que interfiere entre el saber lo que hay que hacer y el llegar a hacerlo) o no actúan durante un tiempo lo suficientemente largo como para conseguir los resultados que se buscan.

A todo esto, los sistemas operativos han de conseguir sus objetivos con el menor consumo de energía y el menor desgaste posible. Es importante reseñar una vez más que los cuatro sistemas operativos, cada uno por su cuenta, quieren cubrir sus particulares propósitos.

5
¿COMPAÑEROS DE EQUIPO O RIVALES?

Dado que los cuatro sistemas operativos operan en un único ser humano, todos ellos en su conjunto han de conseguir lo siguiente:

— Saber priorizar en cada momento si el objetivo fundamental de ese ser humano es sobrevivir, adaptarse o evolucionar, y aunar sus esfuerzos en que ese objetivo se consiga.
— No interferir unos con otros, rivalizando para conseguir los objetivos propios sin tener en cuenta la relevancia de cada objetivo en unas circunstancias determinadas.

Conocer los cuatro niveles de los que hablamos en el capítulo anterior y en los que un sistema operativo puede ser hackeado, es de gran importancia para favorecer que cualquiera de ellos sea plenamente funcional.

Recordemos que la percepción no es algo que simplemente nos sucede, sino que es un proceso creativo en el que combinamos la información que recibimos con las experiencias previas y la interpretación que hacemos de lo que sucede. Recordemos, además, que la percepción que tenemos de algo depende de la perspectiva desde la que miramos. No se ve lo mismo desde la base de una montaña que desde la cima. Cada uno de los cuatro sistemas operativos observa la realidad desde una perspectiva diferente y, por eso, puede contemplar cosas distintas. Todo ello pertenece a la misma realidad y, sin embargo, para cada sistema operativo la realidad existente es la que él puede contemplar y no otra.

¿UNA COPA O DOS CARAS MIRÁNDOSE?

El observador determina la realidad observada. Si una persona observara su mundo interior y el exterior desde la perspectiva del hipotálamo, sería completamente distinta lo que vería a si observara esa misma realidad desde la perspectiva del sistema límbico, del hemisferio izquierdo o del hemisferio derecho del cerebro. Esto no supone un problema, sino todo lo contrario. Si las cuatro perspectivas se integraran de manera adecuada, tendríamos acceso a cuatro aspectos diferentes de la misma realidad. El problema es que si las cuatro entran en conflicto, uno solo se relacionará con aquellos aspectos de la realidad que surjan de aquella perspectiva que se convierta en la dominante.

Hace muchos años se percibía un universo donde todos los planetas giraban alrededor de la Tierra. Nicolás Copérnico, en el siglo xv, ofreció una nueva perspectiva y con ello sacó a nuestro planeta del centro del universo.

En el siglo xix Sigmund Freud mostró hasta qué punto la conducta estaba influida por el inconsciente. Al ofrecer esta nueva perspectiva desde la que observar los fenómenos mentales, se produjo un avance significativo en el tratamiento de ciertas enfermedades como la histeria.

En estas páginas vamos a explorar cómo podemos cambiar nuestra perspectiva para ver aquello a lo que normalmente estamos ciegos. Las mismas preguntas que nos hacemos pueden cambiar la perspectiva desde la que miramos y, por consiguiente, aquello que somos capaces de observar.

Cuando los seres humanos conseguimos integrar las cuatro perspectivas, podemos observar tanto aquellas realidades superficiales, y que están en el mundo de la materia, el tiempo y el espacio, como aquellas otras más profundas que están en el mundo de lo espiritual, lo infinito y eterno.

Un ser humano que avance hacia su plenitud, hacia esa autorrealización de la que hablaba Maslow, es alguien que está poco a poco integrando los distintos modos de observar la realidad.

Sin embargo, la división y el enfrentamiento de los sistemas operativos es con frecuencia la norma en nosotros, los seres humanos. Suele decirse que el ser humano utiliza un porcentaje muy pequeño de su cerebro. Esto no es así en todas las circunstancias, ya que para la realización de muchos tipos de actividades se requiere de la coordinación extensa de múltiples áreas del cerebro. Sin embargo, en lo que se refiere a funciones superiores del cerebro, el antagonismo entre los sistemas operativos puede hacer que el nivel de eficiencia que se consiga sea muy inferior al que se lograría si dichos sistemas operativos funcionaran de una forma integrada. Por eso, construimos defensas internas, para ocultar nuestras propias inconsistencias y racionalizamos, encontramos justificaciones para no tener que hacer frente a las propias contradicciones. Todos estos conflictos internos entre nuestros sistemas operativos evitan que podamos utilizar las distintas capacidades y recursos de cada uno de ellos a la hora de resolver los problemas.

Si consideramos la forma tan diferente en la que operan dos de nuestros sistemas operativos, el que se sustenta en el hemisferio cerebral izquierdo y el que lo hace en el hemisferio derecho, nos daremos cuenta de que el sistema operativo del hemisferio izquierdo solo puede valorar algo si conoce su opuesto. Por ejemplo, solo puede valorar la paz si conoce la guerra. Sin embargo, el hemisferio derecho sí puede disfrutar de la paz sin ser realmente consciente de su valor, porque no conoce lo que es la guerra.

Mientras que el hemisferio izquierdo valora el tener, el derecho valora el ser. Mientras que el izquierdo tiene una marcada tendencia a buscar lo que falta de algo, lo que es defectuoso e incompleto y, es el que pone los límites a nuestro potencial, el derecho ve la perfección de eso que ya somos.

Podríamos decir que el sistema operativo del hemisferio izquierdo pone límites a nuestra naturaleza ilimitada. Es decir, nos acabamos acomodando a la propia incomodidad, porque tenemos la certeza de que es el mejor mundo posible. Hablo de un mundo centrado en el tener, tener más seguridad, más conocimiento, más control, más poder, más estatus, más fortuna, más reconocimiento y más fama. Confunde el sistema operativo del hemisferio cerebral izquierdo el mundo del bienestar asociado al tener con el mundo de la felicidad asociado al ser.

Para el sistema operativo del hemisferio izquierdo serán la utilización del miedo y el uso de la fuerza los que logren los mejores resultados. Para el derecho serán el amor y la armonía los que lo consigan.

No podemos caer en la tentación de buscar cuál de los dos hemisferios tiene razón y cuál está equivocado. Si se integran las funciones de ambos, emerge una nueva realidad que no estaba presente en ninguna de las partes.

Si para el sistema operativo del hemisferio izquierdo lo más relevante es el mundo del pensar y del conocer, para el derecho es el experimentar. No le interesa a este sistema el nombre de la cosa, sino la cosa misma, concreta y específica. No le interesa lo que significa o simboliza el concepto *sofá,* sino lo que se siente sentándose en uno determinado.

El hemisferio izquierdo está más relacionado con el mundo de la materia y con la apariencia de las cosas, mientras que el derecho está más en relación con el mundo del espíritu y, por consiguiente, con la dimensión más profunda de las cosas.

Dado que el ser humano está conectado tanto con el mundo de la materia como con el del espíritu, necesitamos de ambos hemisferios para movernos de una manera fluida.

> Si el hemisferio dominante es el izquierdo, tendremos cierto desinterés por las cosas del espíritu y nuestra perspectiva será en exceso materialista. Si el hemisferio derecho es el dominante, tendremos a desinteresarnos por las cosas de la materia y a buscar el alejamiento del mundo.

Necesitamos seres humanos que integren ambos mundos y que sean capaces de vivir en el de la materia, pero con una perspectiva espiritual. Esto hará que lo elevado se pueda aterrizar y que la inspiración se convierta en practicidad. Sería ese punto donde una línea vertical se llegara a conectar con una horizontal.

Dado que ambos hemisferios del cerebro desarrollan visiones diferentes de una misma realidad y que ambas visiones son complementarias, las mejores decisiones las vamos a tomar si aunamos las dos percepciones. Precisamente es en las áreas ventromediales del cerebro donde se unen la razón y la emoción. Estas áreas son claves en la toma de decisiones. La lesión de las mismas nos convierte en personas que podríamos tomar decisiones en un contexto puramente teórico, pero no hacerlo en un contexto real.

El hemisferio izquierdo tiene autoconsciencia; esto es, puede tomar la suficiente distancia como para observarse a sí mismo. El hemisferio derecho no tiene autoconsciencia, no puede observarse a sí mismo y, por consiguiente, necesita al

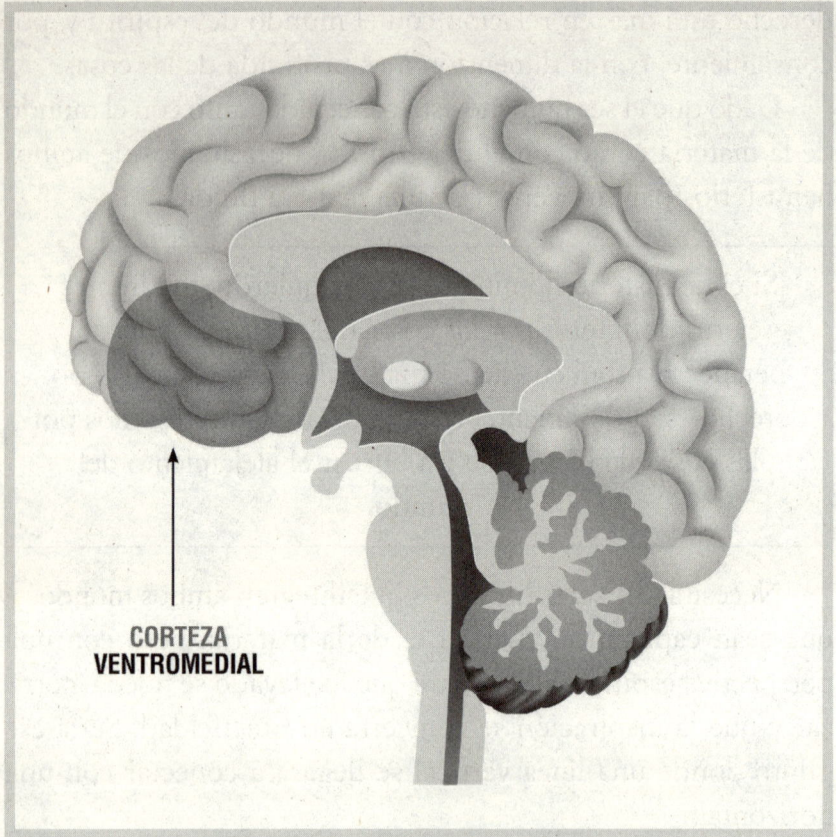

CORTEZA VENTROMEDIAL

izquierdo para observarse. Esta auto-observación posee un gran poder transformador.

Es cuando abandonamos el mundo conocido y familiar, centrado en la seguridad, el control, el estatus, la pertenencia al grupo y el reconocimiento, y pasamos a uno desconocido, cuando empezamos a sentirnos confusos, desnudos, vulnerables y perdidos. Por ello, en esos momentos hemos de encontrar algo que nos ayude a sentirnos confiados y seguros.

6
El ID, ese dinosaurio
que vive dentro de nosotros

El primer sistema operativo está en el hipotálamo. El hipotálamo es una estructura muy pequeña, del tamaño aproximado de un guisante grande, que se encuentra en la base del encéfalo. Se trata de una estructura muy antigua que estaba ya presente en los dinosaurios y que, por supuesto, también está presente en los reptiles actuales. El hipotálamo está compuesto por una serie de núcleos que llevan a cabo funciones diferentes y es una parte fundamental de lo que se considera como cerebro reptiliano, nombre que acuñó el doctor Paul MacLean.

El hipotálamo es una de las estructuras cerebrales que más rápidamente madura en un recién nacido, sea un chimpancé, sea un ser humano. Su importancia es máxima porque su función es asegurar las funciones vitales del organismo.

El patólogo y humanista Carl von Rokitansky, de origen checo, fue la primera persona que ya en el siglo XIX dijo que el hipotálamo era el lugar desde el que se originaba esa reacción, a la que un siglo después el doctor Hans Selye bautizaría como reacción de estrés.

El hipotálamo es la estructura clave en el control de la homeostasis o equilibrio interno del organismo. Por eso, ahí están el centro del hambre y el centro de la sed. Desde aquí también se regula la temperatura corporal, las funciones sexuales y la reacción al estrés.

Al ser el hipotálamo el centro de control homeostático del organismo, nada sucede en el cuerpo de lo que no se entere.

Sigmund Freud localizó los instintos primarios del hombre en el hipotálamo y lo denominó primero «el ello» y después el ID, influido por la lectura de las obras de Nietzsche.

El hipotálamo puede ser el origen de reacciones de extrema ira y ser el origen de la denominada úlcera de estrés o úlcera de Cushing en honor de Harvey Cushing, un gran neurocirujano norteamericano. De alguna manera el hipotálamo busca la satisfacción inmediata de una serie de necesidades sin prestar demasiada atención a las consecuencias. Es un «quiero esto y lo quiero ya». El desarrollo ulterior de estructuras del sistema límbico como son los núcleos del septo y las amígdalas en la segunda parte de la infancia y durante la niñez, servirían para modular dichas reacciones hipotalámicas, ya que al hipotálamo le falta precisión en su capacidad discriminatoria. De lo contrario, nuestra conducta sería totalmente impulsiva, siguiendo lo único que valora el hipotálamo y que es aquello que permite al organismo sobrevivir y procrear. Sin embargo, no todo es exactamente como parece, ya que para sobrevivir también es muy importante generar lazos afectivos que favorezcan la cooperación. Aunque el hipotálamo está enfocado en la supervivencia individual, también produce dos hormonas que son la oxitoci-

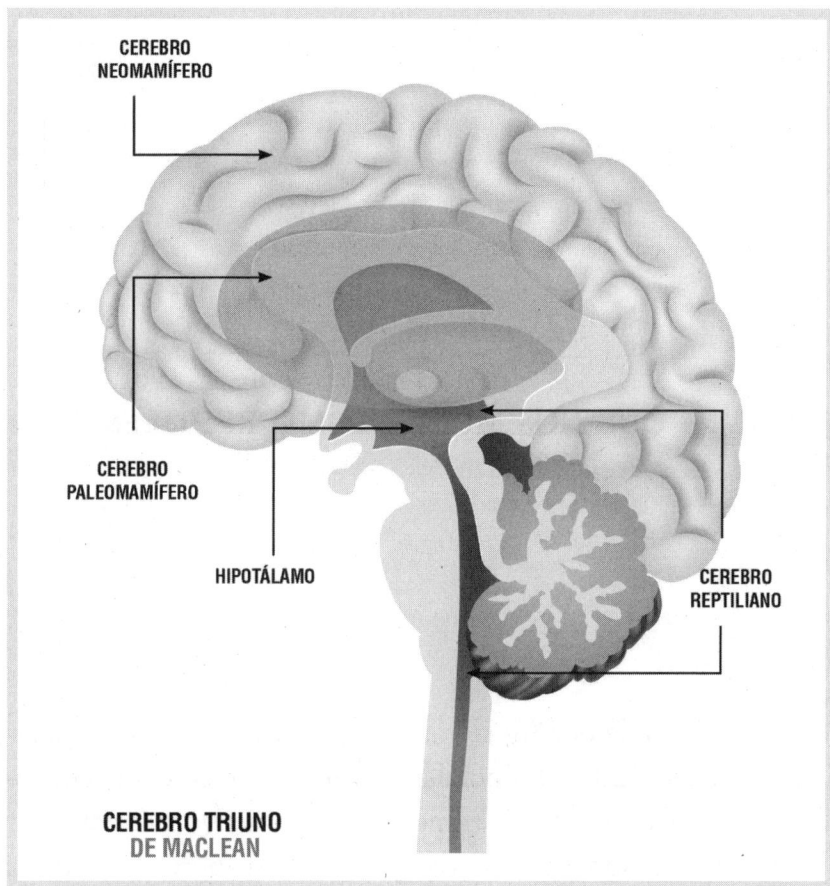

CEREBRO
NEOMAMÍFERO

CEREBRO
PALEOMAMÍFERO

HIPOTÁLAMO

CEREBRO
REPTILIANO

CEREBRO TRIUNO
DE MACLEAN

na y la vasopresina, que tienen gran importancia en la generación de vínculos afectivos. Sin embargo, esta función hipotalámica es propia de los mamíferos y no de los reptiles. Serán los núcleos amigdalinos los que se desarrollarán posteriormente en el proceso evolutivo y que serán claves en la generación de verdaderos vínculos afectivos y en todo lo relacionado con la conducta maternal. Estos núcleos tendrán tanta relevancia que si no hay apenas contacto físico durante los primeros años de vida de los hijos con sus progenitores, la capacidad futura para ser resilientes, para poder hacer frente con éxito a situaciones estresantes, se verá muy mermada.

7
LO QUE NOS MUEVE COMO REPTILES

La manera en la que funciona el sistema operativo del hipotálamo es la siguiente: el hipotálamo primero detecta una necesidad, que puede ser la de comer, con el objetivo de mantener unos determinados niveles de glucosa en sangre. Esto es lo único que le interesa al hipotálamo, obtener información de la situación del cuerpo a través de lo que se conoce como interocepción y que está mediada, fundamentalmente, por el nervio vago o X par craneal. Una vez que ha procesado esa información procedente del cuerpo, el hipotálamo decide un curso de acción. Lo que es muy notable en relación al hipotálamo es que cuando quiere cubrir una necesidad, la quiere cubrir ya, de forma inmediata. Recordemos la rabieta súbita de un niño pequeño cuando tiene hambre o sed. Es su hipotálamo el que está orquestando dicha rabieta. A medida que crecemos, vamos aprendiendo a modular esta demanda tan brusca e intensa del hipotálamo para que se cubran sus necesidades y ¡se cubran ya!

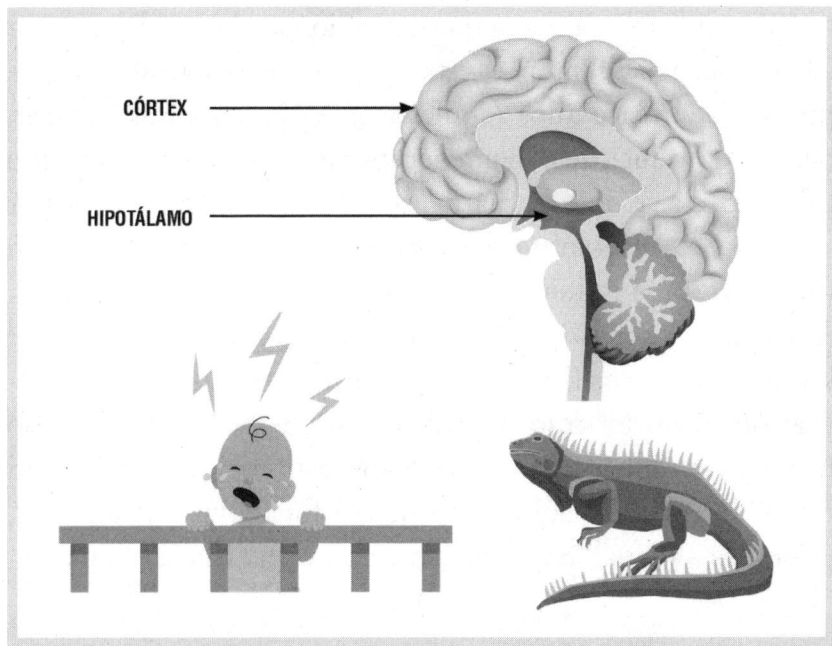

Para que el córtex cerebral —la parte más evolucionada del cerebro y que es la encargada de poner en marcha nuestra conducta— reaccione favorablemente ante la exigencia del hipotálamo, este tiene que poder influir de alguna manera en el córtex cerebral. La influencia la lleva a cabo el hipotálamo generando una sensación placentera cuando se cubren sus necesidades o, una sensación desagradable cuando no se cubren. Todos tenemos experiencia de ese momento a media mañana en el que si no comemos algo nos sentimos mal y cuando comemos algo tenemos una sensación de profunda satisfacción. Está experiencia afectiva y sensorial la ha generado el hipotálamo para «hacerse oír» por el córtex, que supuestamente decide lo que se hace. No olvidemos que el hipotálamo segrega una serie de opioides llamados endorfinas y que nos producen una intensa sensación placentera. Es la forma que tiene el hipotálamo de recompensarnos cuando hemos escuchado sus exigencias.

Si la vida mental fuera una expresión exclusiva de la actividad hipotalámica, entonces estaríamos exclusivamente movidos por lo que mueve a los reptiles y solo nos importaría comer, beber, reproducirnos, mantenernos seguros o buscar un sitio calentito en el que resguardarnos. En los mamíferos, y por supuesto en el hombre, hay diversas estructuras que tienen capacidad para influir de manera poderosa en el hipotálamo. Algunas de las más relevantes son la amígdala, los núcleos del septo y los lóbulos frontales. Una parte importante de la socialización es un proceso de control progresivo del hipotálamo para que modulemos la fuerza de los instintos. Sigmund Freud hablaba del hipotálamo como de esa fuerza instintiva brutal, puramente animal, reptiliana, que existe en todo ser humano.

8
Nuestra transformación en mamíferos

El segundo sistema operativo lo encontramos en el denominado sistema límbico. Si bien el hipotálamo forma parte de dicho sistema, para mayor claridad lo dejaremos aparte. El sistema límbico es un conjunto de estructuras sumamente complejas que incluyen a los hipocampos, las amígdalas y los núcleos del septo, así como las múltiples conexiones que hay entre ellos. También hay partes de la corteza cerebral como el cíngulo, el núcleo anterior del tálamo y la ínsula, que también se consideran parte del sistema límbico.

El sistema operativo de las estructuras límbicas es diferente al del hipotálamo. Para el sistema límbico lo más relevante es:

— Descubrir y reconocer los peligros y las oportunidades.
— Buscar el placer, la satisfacción y huir del dolor, del sufrimiento.
— Generar lazos afectivos a través del contacto físico.

El sistema límbico en la clasificación del doctor Paul MacLean correspondería al cerebro de paleomamífero. Estos

fueron los primeros mamíferos que existieron en la tierra y que
convivieron con los dinosaurios. Los reptiles tienen un sistema
límbico muy rudimentario y no crean lazos afectivos con sus
crías como sí hacen los mamíferos. Las reacciones de los reptiles
están mediadas fundamentalmente por el hipotálamo. Por eso,
son muy bruscas e intensas. Al hipotálamo lo que le importa es
defender al animal de los peligros, conseguir alimento, favorecer que regule su temperatura corporal y que se reproduzca.
Tengamos en cuenta que hablamos de una de las estructuras
más primitivas que existen en el encéfalo de los animales. Cuando más tarde en la evolución, los paleomamíferos desarrollaron
un sistema límbico, esto, sin duda, supuso una ventaja evolutiva.
Tal vez ello contribuyó a que estos mamíferos no se extinguie-
ran, como sí les pasó a los dinosaurios cuando un meteorito
golpeó la Tierra hace unos sesenta y cinco millones de años.

El sistema límbico permite modular las reacciones del
hipotálamo para que no sean tan bruscas y exageradas.
Esto, ya dijimos, es una ventaja evolutiva, pues en un
entorno social dejarse llevar exclusivamente por los
instintos no augura un buen futuro ni favorece para nada
la cooperación, que es una excepcional ventaja competitiva.

Como hemos comentado, hay pocas estructuras en el encéfalo que puedan ejercer una modulación sobre el hipotálamo y
entre ellas son los núcleos del septo y la amígdala, pertenecientes
al sistema límbico y, la corteza orbitofrontal, los más destacados.

Cuando el sistema límbico, y específicamente la amígdala,
ve algo peligroso, manda de inmediato una señal al hipotálamo
para que este ponga en marcha la reacción de estrés. También
manda señales al hipotálamo cuando, por ejemplo, se percibe
a una persona atractiva y se activa el deseo sexual.

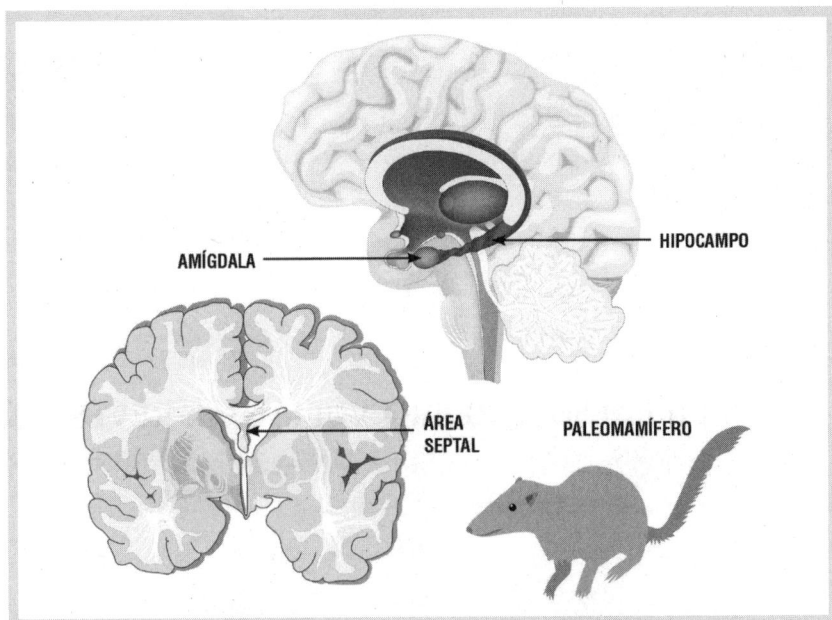

Al igual que el hipotálamo, el sistema límbico genera sensaciones placenteras en la corteza cerebral cuando se cubren sus necesidades o genera sensaciones de gran incomodidad cuando no se cubren. De la misma manera, el sistema operativo del hemisferio izquierdo, al tener acceso al sistema límbico, puede hacer que nos sintamos seguros en lo conocido y que nos sintamos inseguros en lo que no lo es. Esto de algún modo nos mantendría atrapados en nuestra zona de confort, en el mundo conocido y, nos haría mucho más difícil salir a explorar un mundo que nos es nuevo y desconocido.

Uno de los aspectos más relevantes en lo que concierne al sistema límbico es la necesidad de contacto físico y de generación de lazos afectivos. Nos tenemos que detener aquí porque este es el punto donde se van a desarrollar la mayor parte de los traumas emocionales que experimentamos los seres humanos y que se proyectan desde la época en la que éramos niños hasta la época en la que ya somos adultos.

9
LA PIEL, ESE CEREBRO VUELTO AL REVÉS

El contacto físico es de una excepcional importancia para el ser humano. Los bebés necesitan que se les coja, que se les acaricie. La falta de contacto físico puede evitar que núcleos como la amígdala se desarrollen suficientemente bien y ocasiona que la persona, siendo ya adulta, tenga dificultades en la interacción social. Los estudios en monos macacos separados de sus progenitores al poco de nacer y que no recibieron esa conexión emocional muestran que cuando se convirtieron en adultos y tuvieron crías, apenas interactuaban con ellas e incluso las mordían. Hoy sabemos que estos pequeños núcleos del tamaño de una almendra, las amígdalas, y situados en la parte anterior de los lóbulos temporales del cerebro, son muy sensibles a la información táctil. Recordemos que tanto la piel como el sistema nervioso son las únicas estructuras que proceden de la misma hoja embrionaria, el ectodermo.

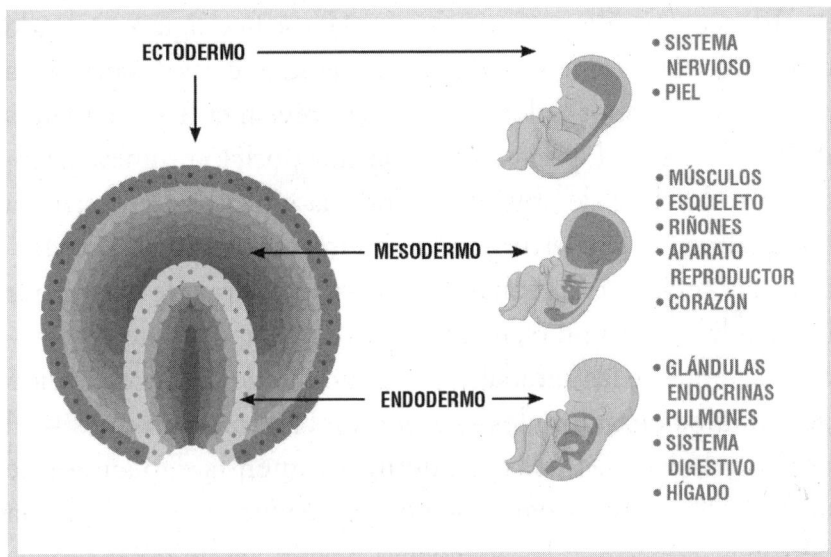

ECTODERMO → • SISTEMA NERVIOSO • PIEL

MESODERMO → • MÚSCULOS • ESQUELETO • RIÑONES • APARATO REPRODUCTOR • CORAZÓN

ENDODERMO → • GLÁNDULAS ENDOCRINAS • PULMONES • SISTEMA DIGESTIVO • HÍGADO

> Las amígdalas son los centros del sistema límbico donde se almacenan todos aquellos recuerdos que tienen un gran componente afectivo.

Ahí están también los núcleos que ponen en marcha muchas de nuestras reacciones de ira y de miedo. La amígdala es una estructura fundamental en todo lo que tiene que ver con la creación de vínculos afectivos y con la interacción social. Se trata de uno de los centros nerviosos más importantes, no solo a la hora de experimentar sentimientos, sino también de leer los sentimientos que tienen los demás.

La amígdala está especializada en conocer a través de la expresión del rostro lo que una persona está sintiendo en un momento determinado. La falta de desarrollo de las amígdalas en niños diagnosticados de ciertas formas de autismo hace que puedan reconocer las caras de gente familiar, pero no lo que sienten. La amígdala es muy importante en la conducta maternal y en la dominancia social.

El neurofisiólogo español José María Rodríguez Delgado estudió lo que ocurría en monos cuando se les lesionaba la amígdala de ambos lados. Estos, que previamente ocupaban la dominancia social, pasaban a tomar una posición sumisa, aceptando toda clase de abusos. Cuando la amígdala es destruida bilateralmente, se pierde por completo el interés por el contacto físico, social y emocional. Por todo ello se puede considerar la amígdala como un elemento clave en el circuito de las emociones, tanto de las agradables —como puede ser la generación de vínculos emocionales— como de las desagradables —el miedo y la ira—. Pocas estructuras tienen la capacidad de modular la amígdala para que no genere vínculos afectivos con personas que no son las adecuadas y para que no desencadene reacciones de miedo o ira que no correspondan o en intensidad o en duración. Entre estas estructuras destacan los núcleos del septo, que siendo muy importantes en el vínculo social, modulan precisamente el tipo de vínculos que la amígdala genera

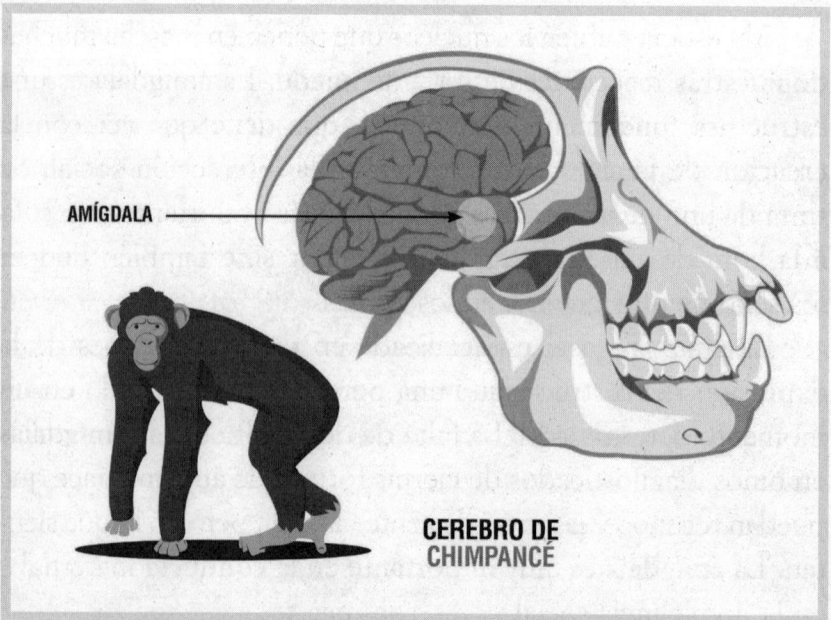

AMÍGDALA

CEREBRO DE
CHIMPANCÉ

para que, como decíamos anteriormente, dicha vinculación no se haga con quien no convenga.

Todos conocemos o hemos oído hablar de personas que tienen tal hambre, tal necesidad de contacto físico, social y emocional para intentar suplir el que no tuvieron de niños, que buscan el acercamiento a personas abusivas y maltratadoras. Podría tratarse en este caso de una falta de desarrollo de los núcleos del septo, cuya función es evitar que la amígdala ponga en marcha conductas desesperadas de acercamiento donde fuera y con quien fuera. Son, en este sentido, bastante impactantes los estudios con gatos a los que se les habían dañado los núcleos del septo y que se acercaban a perros para intentar crear vínculos afectivos. En los niños, estos núcleos comienzan a madurar a partir de los seis meses de edad, que es también cuando estos empiezan a distinguir mejor los rostros familiares de los que no lo son.

Conociendo el funcionamiento de la amígdala, podemos entender, aunque no justificar, por qué cuando de niños esa necesidad de contacto físico y de vínculo emocional no se ha dado, una persona ya siendo adulta puede reaccionar de una forma excesiva, con ira, agresividad e incluso violencia cuando se siente abandonada por su pareja. Desde el punto de vista anatómico y fisiológico, es esa falta de contacto físico y afectivo durante los primeros años de vida lo que puede dificultar el desarrollo de centros como son los núcleos del septo o la amígdala. Esto marca una seria dificultad para que esos mismos niños generen vínculos afectivos durante el resto de sus vidas. El vínculo afectivo en los mamíferos, y por supuesto en el ser humano, es de tal importancia que su ausencia no solo puede conducir a conductas agresivas, sino también a un gran deterioro físico. Existe en los mamíferos, y muy especialmente en el ser humano, dado que es la criatura que necesita más cuidados hasta que puede valerse por sí misma, un anhelo de cercanía, de contacto estrecho. Todos necesitamos sentirnos queridos y no sentirnos solos y desamparados.

> Muchos de los traumas que acarreamos son
> la consecuencia de habernos sentido heridos, rechazados,
> no suficientemente queridos.

10
LA SORPRENDENTE EXPLICACIÓN
A ALGUNAS CONDUCTAS

El sistema límbico, al igual que otras partes del cerebro, establece con mucha rapidez una serie de asociaciones entre eventos que suceden de forma simultánea. El neurólogo canadiense Donald Hebb hablaba de que «neuronas que disparan a la vez, acaban conectándose». Si un niño pequeño se siente querido solo en el momento en que le cogen para alimentarle, cuando sea adulto puede comer en exceso e incluso llegar a desarrollar una marcada obesidad, tan solo porque, inconscientemente, cuando come revive sentimientos de ser querido. Aunque la necesidad es de amor, la estrategia que le permite a ese ser humano cubrir, parcialmente, su necesidad de sentirse querido, es la de comer. Esto está en la base de muchas de las adicciones, ya que en el caso que nos ocupa, comer libera dos neurotransmisores, dopamina y endorfinas, que generan una intensa sensación placentera. De ahí la gran importancia de desarrollar nuevas estrategias que permitan cubrir dicha necesidad sin tener que pagar un precio tan elevado.

Las amígdalas pueden también causar reacciones muy intensas de enfado cuando una persona no se siente suficientemente valorada y reconocida. De nuevo, se activan traumas afectivos, heridas emocionales propias de no haberse sentido valorado cuando se era niño. Dado que estas experiencias de soledad, abandono y falta de valoración se registraron en centros del sistema límbico, no es nada fácil poder acceder a ellos de forma consciente, ya que es la amígdala del lado derecho la más importante en lo que se refiere al registro de recuerdos emocionales traumáticos, sobre todo cuando estos traumas han tenido lugar en etapas tempranas del desarrollo.

El hemisferio izquierdo, sede de la autoconsciencia, es incapaz de entender lo que hay realmente detrás de ciertas conductas. Él solo sabe juzgar y poner etiquetas y, por eso, no comprende que detrás de muchas conductas está un trauma que se vivió en la niñez.

> No es lo mismo juzgar que intentar comprender. Tampoco es lo mismo tener una visión limitada de algo que ampliar esa misma visión para descubrir eso frente a lo que previamente estábamos ciegos.

Como vemos, solo entendiendo por lo que ha pasado una persona podemos llegar a discernir qué es lo que le ha llevado a comportarse como lo hace. Para nada esto significa que el pasado determine el presente o el futuro, sino que hay que tenerlo en cuenta para poner las cosas en su contexto adecuado. Si nosotros tan solo castigamos determinadas conductas sin intentar educar a la persona para que no las repita, tendremos «pan para hoy y hambre para mañana». Cada persona ha de hacerse responsable de sus actuaciones y atenderse a las consecuencias de ellas y también, si queremos que esas conductas no se repitan, hay que intentar comprender en primer lugar qué las originó. Me cuesta creer que haya personas que nacen buenas y otras malas. Me cuesta creer que haya unas personas que «nacen con estrella» y otras «estrelladas». No considero que la genética decida por sí sola la moral de un individuo. Tampoco creo que lo decidan el entorno en el que uno ha vivido y la educación que ha recibido. Lo que sí creo es que pueden influir, y mucho, en nuestra conducta, pero no determinarla.

Las amígdalas están en conexión con unas estructuras vecinas que son los hipocampos. Ambas trabajan para almacenar recuerdos de gran intensidad emocional. Las amígdalas, sobre todo la del lado derecho del cerebro, almacena la experiencia afectiva que se tuvo en un momento determinado, mientras que el hipocampo del lado derecho almacena en su banco de memoria, el lugar donde tuvo lugar aquel impacto emocional. Todos, sin duda, recordamos perfectamente dónde estábamos el 11 de septiembre del 2001 cuando tuvo lugar el terrible atentado de las Torres Gemelas en Nueva York.

> Los hipocampos, al igual que los núcleos del septo y la corteza orbitofrontal, tienen la capacidad de modular los núcleos amigdalinos.

El hipocampo del lado izquierdo almacena no lugares espaciales, sino conceptos, palabras y desde luego aquellas palabras que nos dijeron o nos dijimos y que tuvieron un gran impacto emocional en nosotros. Es decir, que el hipocampo izquierdo contiene la memoria semántica, la memoria de las palabras, mientras que el hipocampo derecho contiene la memoria espa-

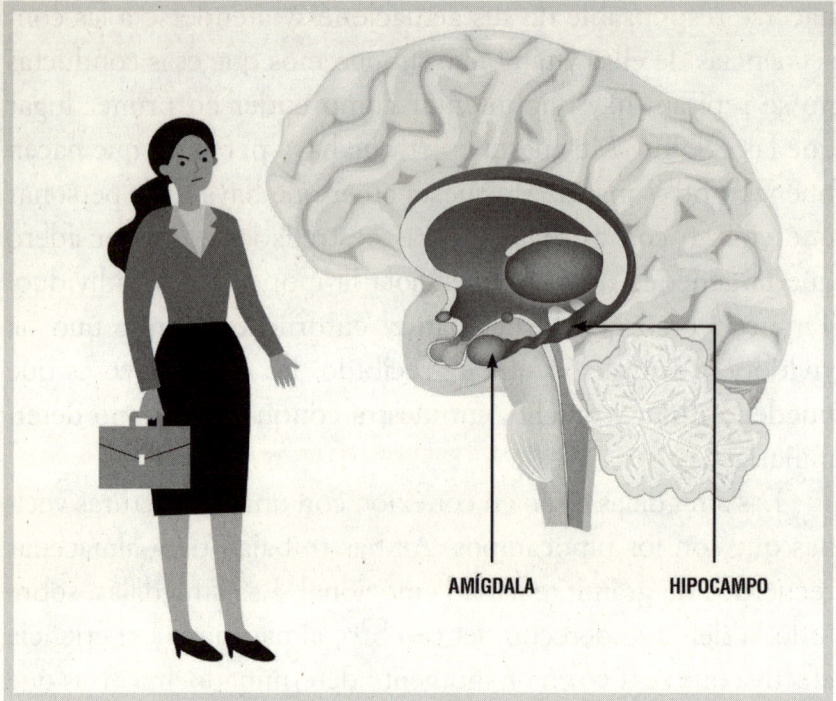

AMÍGDALA **HIPOCAMPO**

cial y visual. Esto tendrá importancia cuando hablemos de la manera en la que se construye la autoimagen y la autoestima.

El sistema operativo del sistema límbico generará en la corteza cerebral sensaciones desagradables si quiere que nos alejemos de algo y sensaciones agradables si quiere que nos acerquemos a algo. Lo que ocurre es que la corteza cerebral puede interpretar erróneamente esas necesidades que proceden del sistema límbico. De hecho, quien peor sabe leer esos mensajes es el hemisferio cerebral izquierdo.

11
SER MUY LISTO
NO ES LO MISMO QUE SER MUY SABIO

El tercer sistema operativo es el del hemisferio izquierdo del cerebro. Este está especializado en observar los detalles y las partes del todo. Lo que ocurre es que cuando lo hace, lo fragmenta todo y se olvida de que forman parte de una totalidad. Es el hemisferio dualista, que en su procesamiento separa lo de fuera de lo de dentro, a diferencia de lo que hace el hemisferio derecho, que no distingue separación entre los dos. También el hemisferio izquierdo diferencia las partes, mientras que el derecho ve el conjunto. Donde el hemisferio izquierdo solo ve una nariz, una boca, unas orejas y unos ojos, el hemisferio derecho ve un rostro, pudiendo, además, no solo captar que ese rostro es familiar, sino también lo que emocionalmente está transmitiendo.

> Así como el hemisferio derecho está especializado en la visión de la realidad más profunda, la dimensión espiritual, el hemisferio izquierdo está especializado en la visión superficial y material de la realidad.

Al hemisferio derecho le interesa la relación, mientras que al izquierdo los objetivos y los resultados. Si al derecho le interesa la observación y la contemplación, al izquierdo solo lo práctico y lo útil. El hemisferio izquierdo se enfoca en aquello que pueda ayudar a alcanzar un determinado objetivo, sin que ningún elemento de carácter personal y afectivo tenga especial relevancia. Lo importante son los resultados, no las relaciones, a menos de que sirvan para conseguir mejores resultados. Desde la perspectiva del hemisferio izquierdo, hablar de sentimientos le pone a uno en una situación vulnerable y no es para nada una ventaja competitiva, sino justo lo contrario. Para el hemisferio derecho, sin embargo, elementos como la empatía y la compasión son fundamentales. Al hemisferio derecho le interesa la generación de vínculos afectivos. Es precisamente la generación de estos vínculos lo que favorece la cooperación, la cual es, sin duda, una extraordinaria ventaja competitiva.

> Una persona con una clara dominancia de su hemisferio cerebral izquierdo será alguien que en su conversación se estará enfocando en los objetivos, la acción y los logros, mientras que alguien con una mayor dominancia del hemisferio derecho se enfocará en temas mucho más personales.

Para el hemisferio cerebral izquierdo es clave la jerarquía, mientras que para el derecho lo es la cercanía, la proximidad.

Por eso, los gestos de arrogancia y prepotencia están más anclados al hemisferio izquierdo que es el que favorece la separación, la distancia entre el yo y el tú. Al hemisferio izquierdo le interesa más el aspecto de alguien que sus cualidades y su mirada es más superficial que la del hemisferio derecho. El hemisferio izquierdo empezó a desarrollarse en la evolución humana hace aproximadamente unos cien mil años y supuso un extraordinario avance evolutivo, ya que permitió el desarrollo científico y tecnológico que nos ha traído donde hoy estamos.

Autores de gran nivel científico consideran que previo al desarrollo del hemisferio izquierdo —que se extiende desde hace aproximadamente cien mil años hasta hace cuarenta mil años, momentos en los que se produjo ya la diferenciación completa de los dos hemisferios—, los seres humanos solo tenían el 10 % del vocabulario del hombre actual, siendo la mayor parte de su lenguaje gestual y musical. El hemisferio cerebral izquierdo no es que sea la estructura física que da exclusivamente soporte al lenguaje, sino que da también soporte a lo que se conoce como consciencia lingüística o autoconsciencia. Este tipo de consciencia, que es la que nos permite darnos cuenta de que nos estamos dando cuenta, es, además, esencial para la fabricación de instrumentos como pueden ser las armas que se utilizan para la caza. No ha de extrañarnos, por tanto, la diferencia que existe entre la industria achelense del *Homo erectus,* con sus hachas de pedernal, y los instrumentos de caza y pesca sumamente sofisticados de marfil y hueso que utilizaba el hombre de Cromañón.

Gracias al desarrollo del hemisferio cerebral izquierdo, tenemos también la capacidad de crear conceptos y de poder comunicarnos. Recordemos que antes del desarrollo de este hemisferio, nuestra forma de comunicarnos era muy tosca.

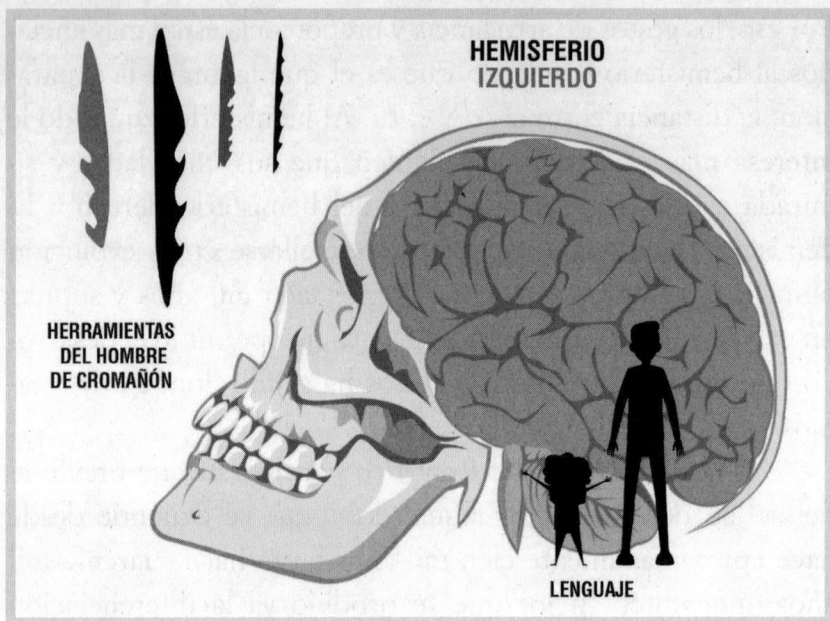

HEMISFERIO IZQUIERDO

HERRAMIENTAS DEL HOMBRE DE CROMAÑÓN

LENGUAJE

Todo sabemos la importancia que juega la comunicación en el trabajo en equipo. Imaginemos la ventaja competitiva que tendría para el hombre de Cromañón su capacidad de comunicarse con gran precisión a la hora de organizar una cacería para abatir a un mamut o a un mastodonte. La caza de animales tan grandes y peligrosos, mucho mayores que un elefante actual, precisaban de una estrategia coordinada para que pudiera ser efectiva y murieran menos miembros del clan durante dicha cacería.

12
EL PRECIO QUE HAY QUE PAGAR
PARA DESARROLLAR CIERTAS CAPACIDADES

El desarrollo del hemisferio izquierdo del cerebro supuso que tuviéramos que pagar un peaje muy alto y fue nuestro alejamiento de la naturaleza. Así como el hemisferio derecho no ve un dentro y un fuera, sino que solo ve una única cosa, el izquierdo es el que separa entre lo de que existe dentro y lo que hay fuera. A través del desarrollo progresivo del hemisferio izquierdo llegamos a una percepción, a una forma de ver la realidad en la que existía un dentro, que era lo que estaba pasando dentro de nosotros —pensamientos, sentimientos, sensaciones, emociones—, y lo que estaba sucediendo fuera de nosotros en el mundo natural. Es importante recordar que el hemisferio cerebral que procesa los sonidos de la naturaleza es el derecho. Si nos damos cuenta, toda la ciencia actual, sobre todo a partir de Newton, se basa en esta percepción: existimos nosotros y existe un universo externo a nosotros.

Esta misma separación afectó profundamente a las religiones al considerar que estábamos nosotros por una parte y allí a lo lejos habitaba un Dios o una serie de dioses. La manera en la que los seres humanos se relacionaban con la naturaleza antes del desarrollo del hemisferio izquierdo, nada tiene que ver con là que actualmente utilizamos. Ellos se veían como una parte integral de la naturaleza, mientras que nosotros nos vemos separados de ella y por eso la cuidamos tan poco. Es verdad que aquellos pueblos ancestrales no se preguntarían por el significado de las estrellas o de la luna, sino que tan solo las contemplarían y se sentirían hermanados con ellas. Algo así como le pasaba a san Francisco de Asís cuando hablaba de «hermano Sol», «hermana Luna» o «hermano lobo». Con el desarrollo del hemisferio cerebral izquierdo empezamos a cuestionarnos: ¿por qué la naturaleza era así y no de otra manera?, ¿a qué distancia está la luna de nosotros? y, muchas otras cuestiones. La gran pérdida que hemos experimentado en muchos casos ha sido la de cambiar la experiencia por la descripción. Esto es como si, en lugar de saborear un delicioso plato, el cocinero nos ofreciera una descripción pormenorizada del mismo sin que nosotros pudiéramos probarlo. Hay, sin embargo, personas que, debido al entorno cultural en el que viven, siguen teniendo hoy en día esta experiencia de profunda conexión con la naturaleza. Las vivencias que nos relatan son muy profundas y transformadoras.

Hemos de entender que el cerebro es enormemente plástico y maleable y que la cultura en la que vivimos puede favorecer más el dominio de uno de los hemisferios o incluso favorecer que trabajen de una forma más integrada.

Siempre me ha parecido lamentable referirse a las tribus nativas, sean de la Amazonia, de Australia o de los Estados Unidos, como tribus de salvajes. Creo que en lo que se refiere a relacionarse con la naturaleza y saber cómo cuidarla, tienen mucho que enseñarnos a los que nos llamamos «pueblos modernos y civilizados».

TRIBU **NATIVA**

Cuando estuve en Bután, en la cordillera de los Himalayas, pude comprobar el respeto con el que muchos habitantes de este país se relacionaban con la naturaleza. A diferencia de lo que sucede en Nepal, que es un país vecino, en Bután está prohibida la escalada. Para ellos es algo así como ultrajar a la montaña. Amigos míos que han estado en Nepal me han comentado que hay lugares de escalada que parecen auténticos basureros. A medida que las funciones del hemisferio izquierdo se fueron desarrollando, todo lo relacionado con la conexión con el mundo natural quedó a cargo casi, exclusivamente, del hemisferio derecho. Hoy en muchos pueblos nativos se sigue teniendo esa íntima conexión con la naturaleza que es, sin duda, la que permite, por ejemplo, que tribus en el Amazonas, en Australia o en Norteamérica hablen de la naturaleza con un nivel de cercanía que a nosotros, los hombres y mujeres de ciudad, tanto nos sorprende y desconcierta. A mí, por ser hombre de ciencia, siempre me ha impactado conocer algunos de los remedios terapéuticos que utilizan diversos pueblos aborígenes. Uno se pregunta cómo pudieron descubrirlos si la propia naturaleza no se los reveló de alguna manera.

Si en nuestra evolución pasamos por una fase arcaica muy mediada por los sentidos y luego a una época mágica en la que nos sentíamos completamente conectados con la naturaleza, el desarrollo del hemisferio izquierdo marcaría el comienzo de un amplio caminar en el que poco a poco se iría desarrollando el método científico y que culminaría en lo que conocemos como la época moderna, con destacados pensadores como Descartes, Galileo o Newton. Si primero el ser humano vivió conectado con la naturaleza de una manera íntima, después empezó a desconectarse de ella en lo que es la época mítica para, a continuación, valorar la razón como el único instrumento válido para conocer. Esto marcaría también lo que se ha conocido como transición del mito al logos. La pena es que el peaje que se ha pagado para conseguir un desarrollo científico y tecnológico tan sobresaliente ha sido el olvidarnos de aquellas dimensiones que siendo reales no se pueden ni pesar ni medir.

El materialismo, nuestro interés exclusivo en lo que es accesible a la razón y que se enmarca en las dimensiones del espacio y del tiempo, nos ha vuelto ciegos a aquello que las supera y que solo es accesible a la intuición y a la imaginación. Hablo del mundo del espíritu, del mundo de la trascendencia. De ahí la importancia que tiene el hemisferio derecho, dada su capacidad de interactuar con el mundo suprasensorial, algo a lo que no parece tener fácil acceso el hemisferio izquierdo del cerebro.

Decía a este respecto William Blake, poeta y grabador inglés del siglo XVIII: «Ver el mundo en un grano de arena, el paraíso en una flor, la eternidad en un instante y todo lo existente en la palma de mi mano». Pocas personas han hablado con tanta profundidad de la imaginación como Blake y la manera en la que esta nos permite conectar con aquellas realidades que superan con amplitud la capacidad de conocer que tiene nuestra razón.

13
¿POR QUÉ VEMOS LAS COSAS COMO LAS VEMOS?

El sistema operativo del hemisferio izquierdo del cerebro es dualista, es decir, distingue polaridades como el blanco y el negro, lo correcto y lo incorrecto, el calor y el frío, lo bueno y lo malo. Es desde este hemisferio desde donde se nombran y etiquetan las cosas.

El hemisferio cerebral izquierdo, como hemos dicho, es el lugar donde se asienta la autoconsciencia, es decir, el darnos cuenta de que nos estamos dando cuenta, y es un hemisferio que solo tiene una muy vaga idea o que incluso ignora por completo lo que está ocurriendo en el hemisferio derecho, en el sistema límbico o en el hipotálamo. Este hemisferio, como es el de la lógica y la razón, es el lugar desde el que tomamos las decisiones conscientes, desde el qué pensamos, hasta la forma en la que valoramos e interpretamos lo que ocurre. Es el lenguaje de la descripción literal de las cosas y de la abstracción;

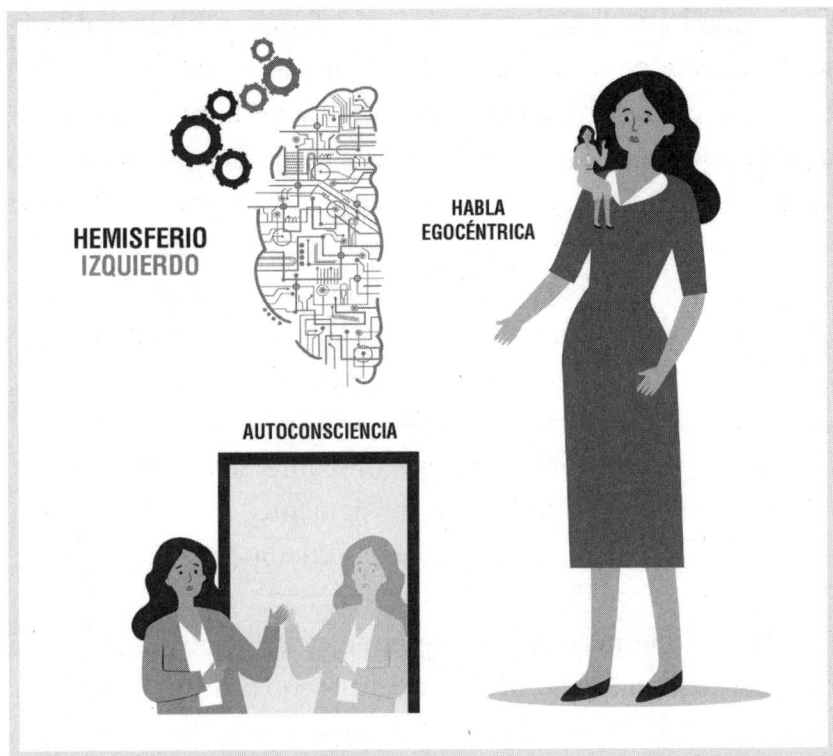

es decir, de la extracción de ciertos aspectos de la realidad para describirlos y conceptualizarlos. A través de la consciencia ligada al hemisferio izquierdo, consciencia lingüística o auto-consciencia, vamos cimentando esa narrativa con la que construimos nuestro sentido de identidad, nuestro yo.

Esta narrativa, este habla denominada egocéntrica, nos sirve para explicarnos todo, desde quiénes somos hasta el por qué nos ocurre lo que nos ocurre. Nosotros mismos creamos y nos creemos esa historia, esa narrativa, independientemente del grado de alejamiento que pueda tener de la realidad. El habla egocéntrica empieza a desarrollarse a medida que el hemisferio izquierdo del cerebro va madurando y que suele ser alrededor de los dos a tres años de edad. Al principio, cuando somos muy pequeños, hablamos en alto y poco a poco ese habla se va interiorizando hasta llegar a un punto en el que pensar y hablarse se convierten en la misma cosa. Al fin y al cabo, pensar es un hablar que solo nosotros oímos. El habla egocéntrica tiene mucho poder porque no solo afecta a cómo nos sentimos, sino también a cómo percibimos. Además, tiene un gran impacto en el cuerpo, en los sentimientos y, por supuesto, en el tipo de acciones que emprendemos, en nuestra conducta. Podemos decir que cómo pensamos afecta a cómo nos sentimos, a cómo funciona el cuerpo y también a nuestra forma de comportarnos.

El habla egocéntrica nos permite interactuar con el mundo de lo material y, por consiguiente, de aquello que está dentro de las coordenadas del tiempo y el espacio.

Con lo que no nos permite interactuar es con lo que está más allá de la materia, más allá del tiempo y del espacio. Hay cuatro tipos de lenguaje que sí nos permiten abrirnos a esta otra dimensión, la de la profundidad. Estos lenguajes son:

— la poesía,
— la metáfora,
— el arte (pintura, escultura, música, danza…),
— y el lenguaje del trance.

14
¿CUÁL ES EL PODER REAL DEL LENGUAJE?

El lenguaje es de tal complejidad y es una capacidad tan absolutamente excepcional y única en la especie humana que ambos hemisferios colaboran tanto en la construcción del mismo como en su percepción. El hemisferio izquierdo se encarga de lo que se dice, de la descripción, del orden en el que van las palabras. Su importancia es máxima en todo lo que suponga seguir una secuencia temporal. Por eso, la intervención del hemisferio izquierdo es tan importante a la hora de decidir los pasos que se van a seguir para hacer algo. Es esencial poner las palabras en un determinado orden para que puedan ser entendidas. Por eso, también la fabricación de instrumentos, una función del hemisferio izquierdo del cerebro, se hace siguiendo una secuencia. El giro angular que está localizado en el hemisferio cerebral izquierdo y en la encrucijada entre tres lóbulos cerebrales, el occipital —visión—, el temporal —audición— y el parietal —posición del cuerpo en el espacio y sensaciones táctiles—, no

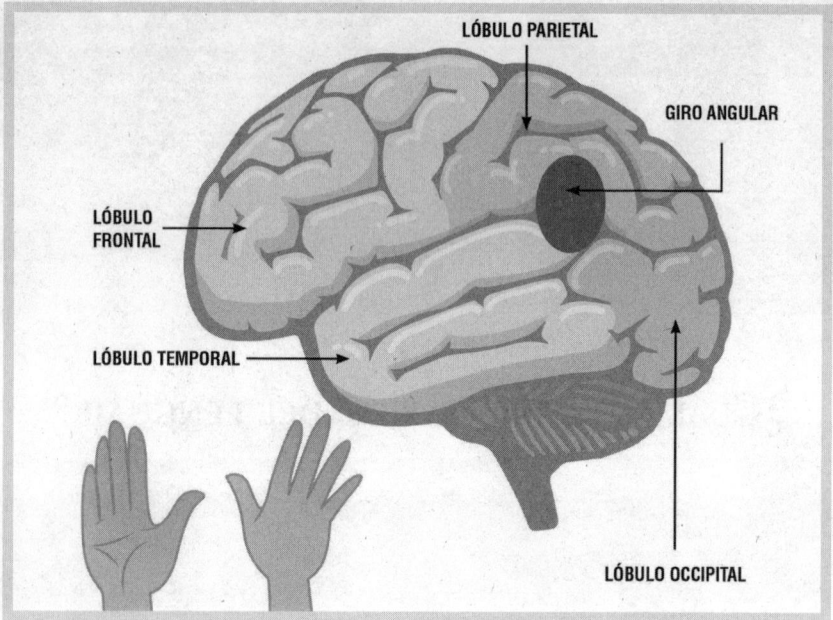

solo es clave en el lenguaje, sino en el funcionamiento de la mano. Cuando hablamos, movemos también las manos. Es de resaltar que estas estructuras lingüísticas están, en general, más desarrolladas en la mujer que en el hombre.

El hemisferio derecho del cerebro no se encarga de lo que se dice, sino de cómo se dice, de la intención que hay en lo que se dice, de las palabras que se escogen y del tono con el que se dicen.

Todo ello está reflejando el estado emocional de una persona. Las áreas del hemisferio derecho que forman parte del lenguaje procesan no el significado de las palabras, sino la forma de decirlas. El hemisferio cerebral derecho también procesa la música y el canto. Pacientes con lesiones en las áreas del lenguaje que corresponden al hemisferio izquierdo pueden no ser capaces de hablar y, sin embargo, sí pueden cantar.

En el lóbulo temporal del hemisferio cerebral derecho hay áreas especializadas en la captación melódica del lenguaje, mientras que en el lóbulo frontal derecho hay otras áreas que son las encargadas de la entonación melódica. Dicho de otra manera: el hemisferio izquierdo hablaría en prosa y entendería las palabras de una forma literal, teniendo en cuenta lo que las distintas palabras significan, mientras que el derecho hablaría de una forma poética y captaría las imágenes, las sensaciones, los sentimientos y los símbolos a los que hacen referencia esas mismas palabras.

Durante nuestra evolución como especie hemos pasado de «hablar en poesía» a «hablar en prosa». El hemisferio derecho presta, además, atención al contexto en el que se está diciendo lo que se está diciendo. No se valora de la misma manera una cosa u otra si se tiene en cuenta las circunstancias en las que se está diciendo lo que se está diciendo. Si yo le digo a alguien: «¡No te aguanto!». Esto que yo he dicho no tiene el mismo impacto si la persona a la que se lo digo sabe que estoy teniendo por distintos motivos un día horrible o, si se lo digo estando completamente sereno.

> El contexto tiene una enorme importancia en la manera en la que evaluamos las cosas y, por consiguiente, en el modo en el que nos sentimos.

El hemisferio izquierdo entiende lo que se dice de una forma completamente literal. Es un «no te aguanto» y punto. El derecho entiende lo que se dice dentro de un contexto, es decir, «no me aguanta porque ahora está de los nervios y no aguanta nada, ni siquiera se aguanta a sí mismo».

Aquellas personas que tienen una dominancia clara de su hemisferio cerebral izquierdo tienden a entenderlo todo de forma literal, sin tener en cuenta el contexto, mientras que aquellas que tienen una mayor dominancia del hemisferio cerebral derecho entienden lo que se dice dentro del contexto en el que se está diciendo lo que se dice. A los primeros les es más difícil entender lo que es una broma que a los segundos.

15
¿DÓNDE ESTÁ LA DIFERENCIA
ENTRE SENTIMIENTOS Y EMOCIONES?

El psicólogo social Stanley Schachter, de la universidad de Columbia, en Nueva York, hizo en los años sesenta un estudio fascinante en este sentido que muestra la importancia de ser consciente del impacto que tiene el contexto en el tipo de sentimientos que tenemos. A un grupo de voluntarios, todos varones, les dividió en dos grupos. A uno de estos grupos les dijo que iba a entrar en el laboratorio un animal peligroso, y al otro, que iba a entrar una mujer muy guapa. Después Schachter les inyectó adrenalina sin que ellos supieran lo que era. La adrenalina se libera cuando se activa el sistema nervioso simpático en la reacción de estrés. Los voluntarios empezaron a notar cómo se les aceleraba el corazón y respiraban con mayor frecuencia. Cuando el doctor Schachter les preguntó lo que estaban sintiendo, las respuestas de los dos grupos fueron completamente diferentes. Los miembros del primer grupo —que eran los que estaba esperando que apareciera un animal peligroso— dijeron que sentían miedo. Los del segundo grupo, que esperaban la aparición de una mujer muy guapa, sentían entusiasmo. Esto es muy interesante y tiene importantísimas connotaciones.

> Lo que sentimos no depende tan solo de lo que esté ocurriendo en el cuerpo y en nuestra fisiología, sino también y, fundamentalmente, de las expectativas y de cómo estamos valorando una determinada situación.

Estos hallazgos añaden algo de gran importancia al conocimiento de las emociones que ya había aportado la teoría de Cannon-Bard. Esta teoría fue revolucionaria en su época porque sostenía que lo primero que ocurría en relación con la experiencia de las emociones era que el cuerpo ponía en marcha una serie de cambios fisiológicos cuando se veía en peligro y era solo entonces cuando nosotros conscientemente percibíamos un sentimiento como podía ser el miedo. Lo que aportó Stanley Schachter fue que la lectura de lo que pasaba en el cuerpo —emoción— y que generaba en nosotros una percepción consciente —sentimiento—, podía ser alterada dependiendo del contexto y de la forma de interpretarlo a través del lenguaje. Hoy, gracias sobre todo a los trabajos del doctor António Damásio, sabemos que la percepción consciente de las emociones, que es a lo que llamamos sentimientos, tiene lugar en un área del cerebro llamada ínsula de Reil. A la ínsula le llega tanto la información del cuerpo —emoción— como la de la corteza cerebral de los lóbulos frontales —interpretación, valoración a través del lenguaje dependiente del hemisferio cerebral izquierdo—. El resultado de ello es el sentimiento. Sería algo así como si la emoción fuera un líquido de color amarillo, y la valoración, la interpretación, fuera un líquido de color azul y, al juntarse en la ínsula de Reil aparecería un nuevo color que es el verde y que correspondería al sentimiento. Un sentimiento sería, por consiguiente, una valoración consciente de si una determinada situación nos está invitando a acercarnos o a alejarnos.

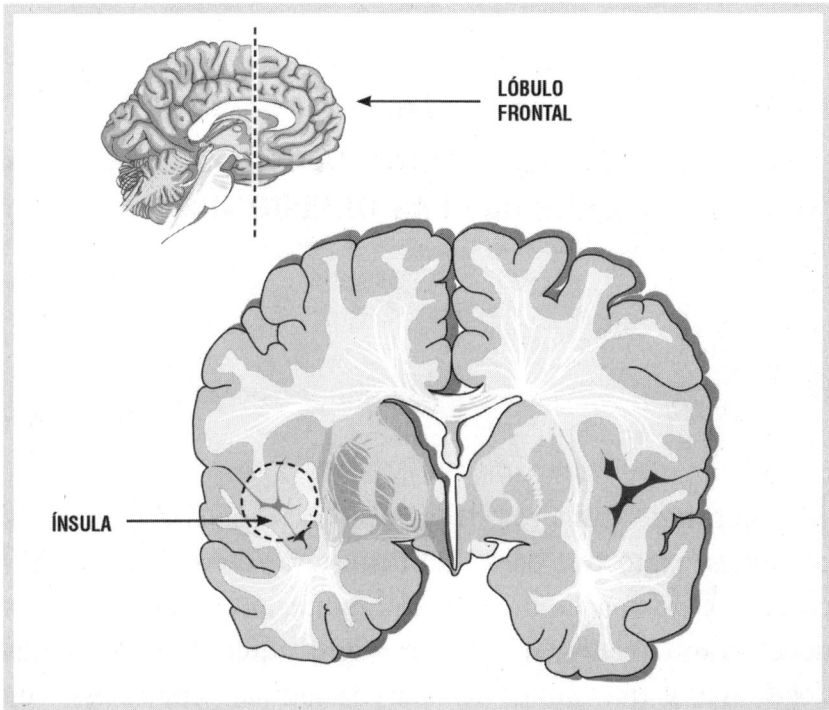

La percepción, la valoración inconsciente de una determinada situación potencialmente peligrosa tiene lugar en la amígdala, que es la que hace que el hipotálamo orqueste a partir de dicha valoración una respuesta fisiológica del organismo para que huyamos, ataquemos o nos quedemos bloqueados. Esta reacción fisiológica llegaría a su vez a la ínsula, haciendo que sintamos miedo.

16
¿De qué manera toma el cerebro las decisiones?

El hemisferio izquierdo del cerebro está sometido a muchas presiones, tanto por parte del hemisferio derecho como por parte del sistema límbico y del hipotálamo. Estas presiones tienen como objetivo que el hemisferio izquierdo tome ciertas decisiones y que ponga en marcha algunas conductas que cubran las necesidades del hemisferio derecho, del sistema límbico o del hipotálamo. Esas presiones las notamos conscientemente —en el hemisferio izquierdo— como una sensación de incomodidad hasta que cubrimos dichas necesidades. Si nuestra conducta consigue cubrir las necesidades que nos está transmitiendo el hemisferio derecho, el sistema límbico o el hipotálamo, entonces seremos recompensados con una sensación de placer por la liberación de opiáceos internos. Poníamos antes como ejemplo el buscar algo para comer a fin de cubrir las necesidades que tiene el hipotálamo de subir los niveles de glucosa en la sangre cuando estos son bajos. Todos hemos experimentado las sensaciones agradables que aparecen después de haber satisfecho esta necesidad. Sin embargo, lo más interesante sucede cuando tomamos decisiones que no sabemos por qué las hemos tomado o cuando nos sentimos atraídos por cosas que no nos convienen o repelidos por cosas que sí. Pongamos, por ejemplo, esas situaciones en las que da la sensación de que uno elige como compañero a quien no debe o rechaza a quien más le conviene. En este caso, el deseo de cubrir ciertas necesidades por parte del hipotálamo, el sistema límbico o el hemisferio derecho se cuelan sin que el hemisferio izquierdo se haya dado cuenta de ello.

El sistema operativo del hemisferio izquierdo tiene un tipo de consciencia distinta de la del derecho. La primera hace que nos demos cuenta de que nos estamos dando cuenta, mientras que la segunda —la consciencia del hemisferio derecho— permite que nos demos cuenta sin saber que nos estamos dando cuenta. Por eso, sus actuaciones no pertenecen al mundo consciente, sino al inconsciente.

Imaginemos que el hemisferio cerebral izquierdo es el conductor de un coche que compite en el París-Dakar, la tradicional prueba automovilística. El conductor quiere acabar el primero y ese es su objetivo. Por eso tiene que estar muy atento y conducir con gran precisión. Sin embargo, y sin que dicho conductor sea consciente de ello, hay otros tres tripulantes en el coche. A su derecha está el hemisferio derecho y detrás el sistema límbico y el hipotálamo. En un momento de distracción por parte del hemisferio izquierdo, el derecho, el hipotálamo o el sistema límbico acceden al volante y hacen que ese coche, que representa a la persona en su conjunto, tome otra direc-

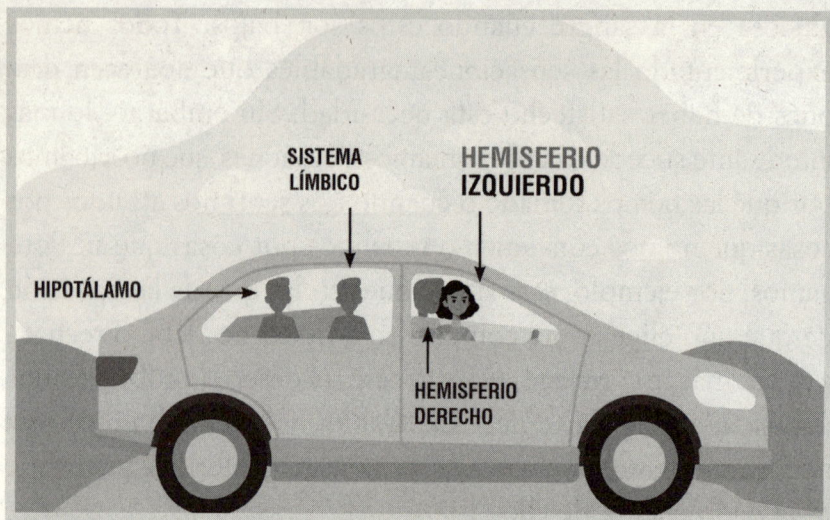

ción. Este cambio de dirección sorprende al hemisferio izquierdo, que es el conductor, porque no entiende por qué se ha producido. Hemos de recordar que, para el hemisferio izquierdo, los tres personajes son invisibles porque forman parte del mundo inconsciente. Sin embargo, ese «conductor» que es el hemisferio izquierdo del cerebro utilizará algunas de sus capacidades para explicarse así mismo por qué se ha producido esa desviación en la trayectoria tan sorprendente y desconcertante.

17
LAS HISTORIAS QUE PRIMERO NOS CONTAMOS Y QUE DESPUÉS NOS GOBIERNAN

Todos nos autodefinimos de acuerdo a cómo somos tratados. De alguna manera nos vemos reflejados en la forma en la que otras personas interactúan con nosotros. Es a partir de esto como construimos las narrativas que van siendo cuidadosamente recogidas en la parte del sistema límbico que corresponde a la amígdala y al hipocampo del lado izquierdo. La forma de evaluar las cosas, de interpretarlas, sea o no consistente con la realidad, se convierten para nosotros en la única verdad. Por eso es tan fácil quedar atrapado en la propia narrativa, en lo que uno se cuenta a sí mismo y que ni siquiera se llega a cuestionar. Esta narrativa empieza también a conformar lo que será nuestra zona de confort, ya que empezamos a familiarizarnos más y más con esa descripción que vamos haciendo de nosotros mismos. Si hay algo que define fundamentalmente a la zona de confort no es otra cosa que el tratarse de una zona que nos es muy familiar.

El hemisferio cerebral izquierdo tiende a ser más cauteloso a la hora de probar cosas nuevas, mientras que al hemisferio derecho le gusta la aventura y la exploración porque sabe que son la antesala del descubrimiento y el aprendizaje.

Al hemisferio izquierdo le interesa mucho conocer, saber, acumular conocimiento y demostrar lo mucho que sabe. Sin embargo, la aplicación práctica de dicho conocimiento, el verdadero trabajo de campo, no es algo que le interese tanto. Le importa mucho más saber que saber hacer.

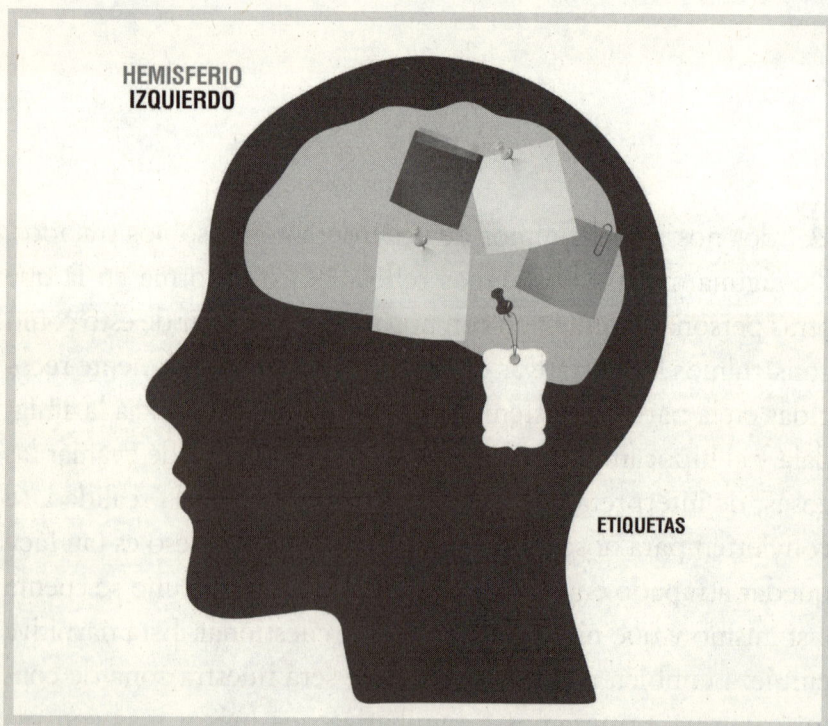

El hemisferio izquierdo es, como diría el doctor Michael Gazzaniga, ese intérprete que construye una narrativa plausible para explicarnos a nosotros mismos por qué sentimos lo que sentimos. Además, tiene la capacidad de informarnos con detalle de la naturaleza de las cosas por medio del análisis. Sin embargo, tiene una tendencia muy marcada a quedarse en los límites de lo conocido, en el «mapa». Solo el hemisferio derecho del cerebro consigue, a través de la contemplación, que se le revele la naturaleza más profunda de las cosas. El derecho es el que está diseñado para salirse precisamente del «mapa» y conocer el «territorio». El problema no reside en que ambos hemisferios cerebrales se muevan en campos tan distintos como pueden ser el «mapa» y el «territorio». El problema es que el hemisferio izquierdo cree que la solución a todos los problemas hay que encontrarla dentro del «mapa», cuando la realidad es que donde se encuentran suele ser fuera. De ahí la conocida expresión «pensar fuera de la caja».

Dado que el hemisferio izquierdo del cerebro tiende a estructurarlo todo, también suele actuar con patrones fijos de respuesta. Su universo es el mundo del juicio y de la generación de etiquetas. Su tendencia a poner etiquetas no solo se aplica a las cosas, también a las personas. De ahí comentarios como: «Es un borde», «Eres una perezosa», «Eres torpe»...

Cuando detrás del verbo «ser» ponemos un calificativo, estamos etiquetando. Igual de etiqueta es decir «es una silla» que decir «es un incapaz». A la silla no le pasa nada porque se la encasille; sin embargo, a una persona sí, porque si se cree su etiqueta tenderá a ajustarse a ella.

> Las etiquetas son muy útiles porque nos permiten un manejo rápido de las cosas y un control eficiente. No obstante, cuando se aplican a las personas, implican una reducción de nivel, una cosificación.

Si el hemisferio izquierdo del cerebro es el que conoce los procesos químicos, el derecho es el que comprende la esencia de la alquimia. Es este hemisferio, el derecho, el que puede conectar con lo más íntimo y recóndito de la naturaleza, con su verdadera esencia, no con su apariencia. Por eso, el derecho puede conocer realidades suprasensibles. La naturaleza se hace inteligible, comprensible cuando sabemos cómo hay que mirar. Lo que sucede es que nosotros estamos habituados a prestar mucha más atención a cómo mira el hemisferio cerebral izquierdo que a cómo lo hace el derecho.

Como el observador siempre está influyendo en lo observado, la forma de observar del hemisferio izquierdo hace que siempre viva atrapado en la misma realidad racional, lógica y medible.

18
UNA VENTANA AL INFINITO

El hemisferio derecho es capaz de mirar todo aquello que trasciende, que va más allá de la lógica. El sistema operativo del hemisferio cerebral izquierdo nos ayuda al conocimiento del mundo, mientras que el derecho nos permite la comprensión de ese mismo mundo. La naturaleza no se oculta ante nuestros ojos, es que a nosotros se nos ha olvidado cómo hay que mirar para poder verla.

En el mundo hindú, lo que denominan Atman y que estaría relacionado con el reconocimiento de nuestra verdadera esencia, fruto de la integración de ambos hemisferios cerebrales, el hemisferio derecho sería el responsable fundamental de dicha unificación, de dicha integración. Es a través del reconocimiento de nuestro Atman, de nuestra verdadera esencia, como conectaríamos con la Realidad Última o Brahman. El propio William James, el padre de la psicología anglosajona y un hombre de extraordinaria profundidad en sus comentarios dijo: «Si existiera una dimensión espiritual con la que pudiéramos entrar en contacto, lo haríamos a través de la dimensión inconsciente».

Es a través del sistema límbico y del hemisferio cerebral derecho como conectamos con el mundo espiritual, ya que es en estas estructuras donde se asienta el inconsciente.

Si el hemisferio izquierdo del cerebro es el que nos aporta el concepto de Dios, de lo inefable, del campo cuántico, de la Consciencia Universal, es el derecho el que nos abre el camino para experimentarlo. Digamos que el izquierdo lo describe y el derecho lo vive. Sin embargo, todos sabemos lo difícil que es explicar ciertas vivencias.

> La vivencia siempre supera en mucho a la descripción de la misma, por más pasión que pongamos a la hora de contarla.

También una persona puede ser muy religiosa y muy poco espiritual, de la misma manera que puede ser muy espiritual y muy poco religiosa. Aquí la palabra religión hace referencia a las prácticas institucionalizadas y no al significado etimológico que es volver a unir lo que se separó.

El gran psiquiatra norteamericano Milton Erickson, un hombre marcado en su vida por una dislexia, una polio y la capacidad de poder reconocer únicamente el color morado, fue plenamente consciente de esto y a través de la inducción de un estado de trance conseguía que sus pacientes accedieran a un mundo inconsciente lleno de recursos y posibilidades. Él conseguía curaciones que muy pocos especialistas eran capaces de lograr.

El propio Carl Gustav Jung, psiquiatra de origen suizo y colaborador estrecho de Sigmund Freud durante seis años, hablaba de la existencia de un inconsciente individual y de uno colectivo. En dicho inconsciente colectivo se almacenaría toda la experiencia que la humanidad había acumulado a lo largo de su historia. Ahí estaban también esas ideas originales o arquetipos que de alguna manera simbolizaban un puente entre el mundo ordinario y consciente, y un mundo absolutamente extraordinario y lleno de recursos y posibilidades. En este sentido es muy interesante recordar algo que le pasó a Jung con una de sus pacientes.

Se trataba de una mujer joven con una enorme dificultad para ser tratada de sus conflictos internos por su extremada racionalidad, lo cual la convertía en una persona completamente cerrada a todo aquello que no se pudiera demostrar de forma lógica. De alguna manera, le era imposible abrirse a aquello que no fuera completamente científico y racional. Hemos de recordar que en aquella época muchos psiquiatras no estaban interesados en encontrar una correlación entre cambios psicológicos y trastornos anatómicos en el cerebro. Tampoco en aquella época se habían descubierto los neurotransmisores cerebrales, esas sustancias químicas que, en exceso o en defecto, producen cambios profundos en el estado de ánimo. Aunque psiquiatras como Freud empleaban de manera estricta el método científico, este se aplicaba sobre algo que era difícil de precisar como es la psique humana. No hemos de olvidar que Sigmund Freud pasó seis años de su vida en un laboratorio de biología y, además, hizo aportaciones interesantes en relación con enfermedades como la parálisis cerebral o la afasia. En verdad, hubo un tiempo en el que pensó hacerse neurólogo en lugar de psiquiatra. Y aunque ya no se interesara tanto por la neuroanatomía, adaptar de manera estricta el método científico a sus pacientes era para él algo esencial.

El caso es que la joven se presentó ante Jung para ver si le podía ayudar a mejorar su situación. Él siempre dio un gran valor al tema de la interpretación de los sueños. De hecho, cuando en 1900 se publicó el libro de Freud titulado *La interpretación de los sueños,* Jung acababa de empezar su formación como psiquiatra en Zúrich. Esto hizo que Jung manifestara su interés en conocer a Freud y en 1907 viajara a Viena y se reuniera con él por primera vez. Lo que ocurría era que para Freud los sueños tenían un significado oculto de tipo sustitutivo, es decir, que, por ejemplo, una espada representaba el órgano sexual masculino, y un túnel, el femenino. Según Freud, cuando los contenidos que hay en el inconsciente querían subir al consciente y no eran adecuados porque la persona no quería reconocer que los tenía, entonces serían, o suprimidos a nivel de lo que él llamó el preconsciente, o, directamente, sustituidos por imágenes que no generaban intranquilidad como podían ser la espada o el túnel. Recordemos que en la época victoriana que acabó un año después de que Freud publicara su libro sobre la interpretación de los sueños, todo lo sexual era considerado tabú. Nadie se atrevía a reconocer que tenía pulsiones sexuales del tipo que fueran. El preconsciente, estando entre el inconsciente y el consciente, actuaría como celoso guardián para que no pasaran contenidos inadecuados al consciente. Así la persona seguiría creyéndose sus propias mentiras, pudiendo acceder al material inconsciente rechazado, pero, eso sí, solo bajo un disfraz en el que, como hemos comentado, una espada representaba el órgano sexual masculino y un túnel, el femenino. Hoy sabemos que el lóbulo frontal del cerebro tiene la capacidad de generar este tipo de inhibiciones.

> No hemos de olvidar que en el cuerpo calloso, la estructura que conecta la corteza cerebral de los dos hemisferios, el 15 % aproximadamente de sus fibras son inhibidoras.

Jung pensaba que si bien existían sueños individuales que hacían referencia a experiencias propias de la persona, había otros llamados colectivos y que ponían a la persona en contacto con ese inconsciente colectivo. De alguna manera, cuando el sueño que se soñaba era de este tipo, la persona recibía ayuda de la forma más sorprendente. Esta era la función de los arquetipos o ideas originales, como las denominó Platón. Estos representaban una ayuda para superar conflictos que la mente racional era incapaz de resolver porque de entrada ella misma los había generado.

Estaba Jung con esta paciente tan racional y tan resistente a cualquier forma de terapia, cuando ella empezó a describirle un sueño de lo más extraño en el que aparecía un escarabajo egipcio que se llama escarabajo joya. Este tipo de insectos es muy raro; por lo general, son de un color azul, dorado o verdoso, casi fosforescente. Según le estaba describiendo el sueño, ambos oyeron un ruido en la ventana. Al acercarse Jung a ver qué era lo que causaba dicho ruido, vio que se trataba de un escarabajo exactamente igual al que su paciente había descrito en su sueño. Jung atrapó al escarabajo y se lo mostró a la paciente. A partir de ese momento la excesiva rigidez mental de la enferma se desvaneció al caer ella en la cuenta de que había realidades más allá de lo que su razón era capaz de comprender. Una vez que su resistencia a todo lo que no era «estrictamente racional», se desvaneció ante semejante experiencia, la mujer superó de manera natural el conflicto interno por el que llevaba tiempo consultando a distintos psiquiatras. Esta vivencia reforzó aún más en Jung el convencimiento de que existía algo a lo que él denominó sincronicidad y que se oponía por completo al de casualidad.

> El concepto de sincronicidad haría referencia a aquellas coincidencias significativas que van más allá de la casualidad.

HEMISFERIO
DERECHO

Además, para Jung, y como ya hemos visto, el conocimiento ancestral de la humanidad se expresaba en una serie de imágenes simbólicas a las que él, siguiendo a Platón, denominó arquetipos. Cuando dichos arquetipos se manifestaban en nuestras vidas, nos ofrecían una forma de liberación.

Si volvemos a la experiencia del sueño del escarabajo que tuvo la paciente de Jung, es importante señalar que este animal en el antiguo Egipto representaba al sol naciente y era un símbolo de la resurrección que protegía contra el mal visible e invisible. La paciente de Jung tenía un mal invisible por el cual consultó al psiquiatra, su problema mental y, aquel sueño colectivo en el que aparecía un escarabajo egipcio la ayudó a abrir su mente y a volver a nacer a una vida más alegre y satisfactoria.

19
EL ESLABÓN QUE HAY ENTRE DOS MUNDOS

Sigmund Freud era un hombre excepcionalmente racional y no creía en ninguna dimensión espiritual, algo en lo que no solo creía Jung, sino que, además, había experimentado de forma directa. Por eso, para Freud, los sueños sustituían una cosa por otra. Sería así como una señal de tráfico que tiene un significado concreto. Para Jung, los sueños, específicamente en los denominados colectivos, no había meros significados, sino profundos símbolos que conectaban el mundo sensible con el mundo suprasensible y, que cuando se comprendían, tenían un gran impacto sanador y transformador. Estos símbolos, estos arquetipos, que en el caso de la paciente de Jung fue un escarabajo joya, nos conectarían con nuestra herencia ancestral, con ese conocimiento y esa sabiduría que ha acumulado la humanidad durante siglos. Para Jung los símbolos establecen una conexión entre dos mundos, siendo una imagen de lo universal en lo individual.

Hablando de símbolos, decía san Ambrosio: «La naturaleza es el símbolo de la creación de Dios». De alguna manera el santo veía en la naturaleza un puente entre el mundo sensible y material y el suprasensible y espiritual.

> El símbolo conecta lo latente con lo manifiesto y tiene asociada una energía que no llevan los simples signos.

Los símbolos pueden ser de una inestimable ayuda cuando hacemos frente a importantes desafíos. Los arquetipos nos aportan esos recursos que más necesitamos para superar con éxito situaciones complejas y en las que llevamos muchos años atascados.

Freud, como hemos dicho, era un hombre de mentalidad muy racional y eso de que existiera una dimensión trascendental, espiritual, no le convencía nada. Es por lo que se le considera uno de los denominados «maestros de la sospecha».

Jung tenía una visión mucho más amplia y profunda de lo que representaba la realidad. Él, como gran investigador, había viajado a Oriente, a Australia, a África y a Norteamérica para estar con tribus ancestrales, escuchar sus mitos y participar en sus ritos. Toda esta experiencia hizo que viera una realidad mucho más «poliédrica» que la que veía Freud. Podemos decir, pues, que este era alguien mucho más afianzado a ese hemisferio cerebral izquierdo, dualista, materialista y profundamente racional. Carl Gustav Jung estaba más conectado a su hemisferio cerebral derecho y tenía una visión más holística.

Cuando estuve en la casa de Freud en Viena y pude ver su famoso sillón donde psicoanalizaba a sus enfermos, me llamó la atención la frialdad que transmitía aquel lugar. Jung era al parecer un hombre más cercano con sus pacientes, algo más propio de aquellas personas que están orientadas por su hemisferio cerebral derecho.

Hay otra metáfora que puede ser muy útil para diferenciar los sistemas operativos del hemisferio izquierdo y el derecho y es la figura de un prisma. Todos sabemos que cuando un haz de luz incide sobre la superficie de un prisma, este se descompone en todos sus maravillosos colores. De hecho, esto es lo mismo que hacen las gotas de agua que hay en la atmósfera con la luz del sol y así nace el arcoíris.

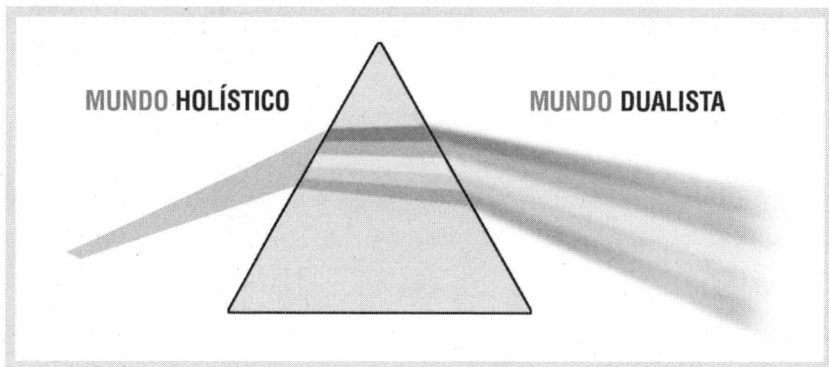

MUNDO **HOLÍSTICO**   MUNDO **DUALISTA**

El hemisferio izquierdo del cerebro no comprendería que todos los colores, los siete colores del arcoíris, proceden de un único haz de luz blanca. Este es el mundo dualista. No es que no sea verdad que existen esos siete colores, sino que de lo que se trata es de comprender que hay dos dimensiones de la realidad, una dualista —la de los siete colores— y una holística —la de un único rayo de luz—. El problema es que al ser el hemisferio izquierdo el dominante, estamos completamente ciegos a esa dimensión holística de la realidad que él no puede captar. Esta metáfora la podemos extender a la relación entre los seres humanos y al rechazo que con frecuencia experimentamos hacia la diversidad. No hablo solo de diversidad de género, de raza o de cultura, también de diversidad de religiones, inclinaciones políticas o formas de pensar. El «azul» quiere demostrarle al «rojo» que es mejor que él y el «rojo» hace exactamente lo mismo y así, unos y otros «colores» se enfrentan entre sí, olvidándose de que todos son hijos de la misma realidad, de un único haz de luz blanca. Una consciencia que está unida no rechaza a ningún color, sino que, por abrazarlos a todos, los integra y así reconstruye el sentido de la unidad, el haz de luz. Es interesante en este sentido recordar que Einstein, un científico profundamente espiritual, declaró que le encantaría dedicar toda su vida a estudiar la naturaleza de la luz.

20
DIVIDE Y VENCERÁS

Influidos por la dominancia del hemisferio cerebral izquierdo, solo consideramos razonable aquello que está dentro de los límites de nuestro «color», siendo incapaces de reconocer la gran estrechez de miras que esta forma de pensar representa.

El ego tan sustentado en el sistema operativo del hemisferio cerebral izquierdo solo puede existir en cuanto que mantenga esta división y su lema no es otro que «divide y vencerás». Esta división se acentúa a base de magnificar los defectos de los demás y mantenernos completamente ciegos a los nuestros. De aquí también parten las manifestaciones absolutistas y excluyentes. Por eso, aunque el hemisferio cerebral izquierdo pueda conocer y saber mucho, a nivel profundo comprende muy poco.

En la India, y como ya hemos comentado, llaman Atman a esa realidad profunda que todos somos a nivel individual —el rayo de luz blanca— y Brahman a la fuente de ese rayo —el sol—.

Cuando una consciencia como la que hay ligada al hemisferio izquierdo del cerebro y, que solo puede percibir un determinado «color», escucha y se integra con esa otra consciencia ligada al hemisferio derecho y, que es capaz de ver el rayo de luz blanca, entonces la persona alcanza no solo el conocimiento, sino también la sabiduría. La persona se identifica en ese momento con su Atman, su verdadera esencia. Es el momento del despertar. Hablamos entonces de alguien que se sabe manejar en el mundo de la realidad material, pero que lo hace desde una perspectiva espiritual.

En el momento en el que se unifican ambas consciencias, se liberan recursos excepcionales como son la claridad mental, la creatividad y la capacidad de responder de la manera más efectiva en las situaciones más complejas.

Solo cuando la autoconsciencia sea consciente de eso de lo que ahora no es consciente, se alcanzará ese despertar del que hablan todas las tradiciones sapienciales tanto de Oriente como de Occidente. Por ello, la autoconsciencia tiene primero que abandonar su «pedestal» y reconocer que no sabe. Después tiene que querer saber y, por último, tiene que permitir que se le enseñe. El «maestro» ahora ha de ser «discípulo» y en lugar de querer controlar ha de tener la humildad de dejarse enseñar. La dificultad está en que la autoconsciencia es ignorante, está acomodada a ver las cosas como las ve y, finalmente, es prepotente. No le gusta que le enseñe aquel hemisferio, el derecho, al que considera inferior.

Hay una película, *Descubriendo a Forrester,* en la que un profesor de Literatura de un colegio de élite norteamericano disfruta sintiéndose superior a sus alumnos. La llegada de un nuevo estudiante, un joven que procede de un entorno muy

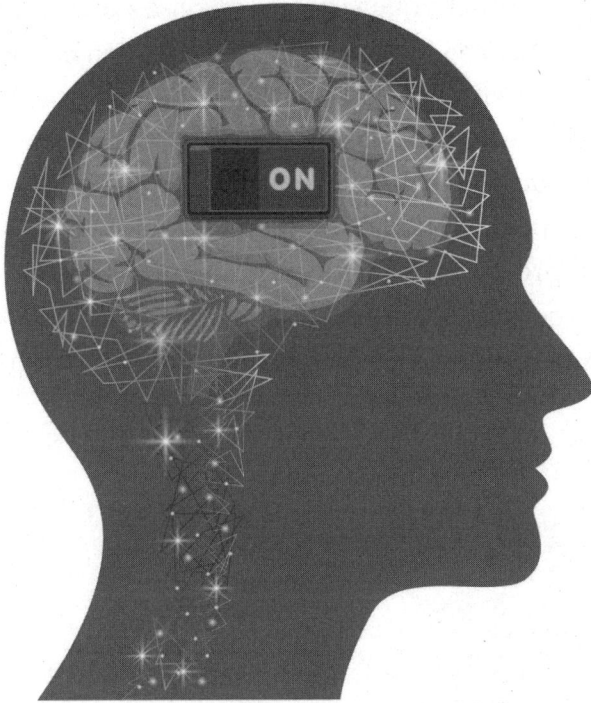

UNIFICACIÓN DE LA CONSCIENCIA

desfavorecido y que ha ganado una beca para estudiar en ese colegio, le genera a este profesor un marcado disgusto. Este joven es realmente un verdadero genio en potencia, lo que pasa es que también es una persona rebelde y desafiante. El profesor, que es ignorante acerca del excepcional potencial del muchacho, y que, además, está acomodado a una forma rutinaria de dar clase, no soporta a dicho alumno, al que considera claramente inferior. Por eso, le trata con una enorme prepotencia, intenta avergonzarle ante sus compañeros y hace todo lo posible para que le echen. Algo así pasa con la relación entre el hemisferio izquierdo del cerebro y el derecho. Este hemisferio, el derecho, tiene un potencial encerrado absolutamente extraordinario, pero es rebelde y no le gustan ni las reglas que le impone el izquierdo ni la manera tan prepotente en la que le trata. El mismo conflicto que surge en la clase de Literatura en *Descubriendo a Forrester* lo tenemos nosotros en esa aula que está entre nuestras orejas. El hemisferio izquierdo, tan conservador y tan ávido de control, no se lleva bien con un hemisferio que lo quiere sacar siempre de su zona de confort.

En la película de la que hablamos el miedo es lo que alimenta al profesor, un miedo a que alguien sepa más que él, un miedo a perder el control. Sin embargo, lo que alimenta a su alumno es el amor a las grandes obras de la literatura.

21
No ver las cosas como realmente son

Otra de las cosas en las que destaca el sistema operativo del hemisferio cerebral izquierdo es en aquellos procesos que se conocen como eliminación, distorsión y generalización. Nosotros nos relacionamos con nosotros mismos, con los demás y con el mundo mirando, oyendo y sintiendo a través de esas «gafas virtuales» a las que denominamos «mapas», y que corresponden a nuestras representaciones mentales. Para crear esos mapas, la mente elimina elementos que hay en el «territorio», evitando que podamos percibirlos, que podamos ser conscientes de su existencia. Además, en estos «mapas» aparecen deformados ciertos elementos presentes en el «territorio», sin que nosotros seamos conscientes de que lo están. Finalmente, en estos mapas, lo que se presentan son generalizaciones, pero que no se perciben como tales, sino como descripciones precisas de lo que existe en el «territorio». Es importante recordar que uno no es consciente de que lleva puestas estas «gafas virtuales» y

por eso ni se cuestiona que el mundo pueda ser de otra manera. Esto genera una visión muy limitante de las cosas porque el
mundo real nos ofrece muchas más opciones, posibilidades y
oportunidades que ese mundo mental que es uno virtual. Lo
que es más difícil es que alguien se dé cuenta de ello.

EL HEMISFERIO IZQUIERDO **DISTORSIONA LA REALIDAD**

> Como cada uno de nosotros tiene su propio «mapa
> mental», solo nos podemos comunicar bien y entender
> con aquellas personas que tienen uno parecido al nuestro.

Por eso nos aferramos tanto a nuestro punto de vista, porque nos olvidamos de que tener un punto de vista es tener vista
desde un punto. Esto también hace que nos sea tan difícil
escuchar a personas que manejan distintos «mapas de la realidad», ya que para cada uno solo existe una realidad real y que
es la que nosotros vemos.

22
El arte de la confabulación

Hay algo que tiene una excepcional importancia cuando hablamos de la vida mental de una persona y es la confabulación.

> Por confabulación entendemos la capacidad que tiene el hemisferio izquierdo de rellenar todos los huecos de información para generar una narrativa que explique algo de una forma factible, de una forma creíble, aunque se aleje por completo de la realidad a la que dicha narrativa hace referencia.

No conociendo la información en suficiente medida el hemisferio cerebral izquierdo se inventa una realidad paralela que es la que se cree y a partir de la cual actúa. Esta capacidad de rellenar los huecos de información está en la base de nuestros juicios y de nuestros supuestos. No es que el hemisferio izquierdo no tenga acceso a una mayor cantidad de información, sino que la puede bloquear de forma activa. En efecto, el hemisferio cerebral derecho capta muchos datos que le podrían ser de un extraordinario valor al izquierdo para que pudiera este tomar mejores decisiones. Sin embargo, por razones que iremos viendo más adelante, el lóbulo frontal del hemisferio izquierdo bloquea dicha entrada de datos. Esto tiene especial relevancia en la interacción social porque los datos que capta el hemisferio cerebral derecho tienen que ver con las señales emocionales que otras personas están emitiendo a partir del lenguaje no verbal. Por eso, cada uno de los dos hemisferios cerebrales, si les preguntáramos, contaría una historia completamente diferente. De ahí que nunca nos enfadamos por los motivos que pensamos. Hay, como suele decirse, mucha más «mar de fondo» de la que creemos. Por eso, la causa de nuestro enfado suele ser alguna herida, algún trauma que está guardado en el hemisferio derecho y al cual no tiene acceso el izquierdo. Este hemisférico tiene que encontrar una justificación racional a dicho enfado, aunque esta explicación esté muy alejada de lo que es la realidad. La realidad es que esa situación que tanto nos ha enfadado ha reactivado de manera rápida y automática uno de estos traumas, una de estas heridas. Por consiguiente, el hemisferio cerebral izquierdo fabrica una serie de «evidencias» que explican de una forma «creíble» el por qué de ciertas conductas y resultados. Sin embargo, el hemisferio derecho conoce la verdad de por qué existen tales conductas y por qué se producen los resultados que obtenemos y que a veces tan poco nos gustan.

Dado que el hemisferio izquierdo suele ser el dominante, sobre todo en una cultura tan materialista como la nuestra, y muestra una marcada «arrogancia intelectual», cree, asume, da por hecho, que sabe más de lo que en realidad sabe. Por tanto, no suele existir esa apertura humilde, curiosa e interesada para explorar lo que realmente sabe el hemisferio derecho.

> No puede haber peor combinación que la ignorancia y la prepotencia. El hemisferio cerebral izquierdo es ignorante de sus limitaciones y no está en absoluto dispuesto a reconocerlas. De ahí su abuso de poder.

Por otro lado, la obsesión por mantener una determinada imagen que se acerque lo más posible a lo que es el ser un triunfador puede hacer que el hemisferio izquierdo del cerebro niegue, reprima, altere cualquier información que proceda del hemisferio derecho y que cuestione dicha imagen que con tanto esfuerzo intenta mantener.

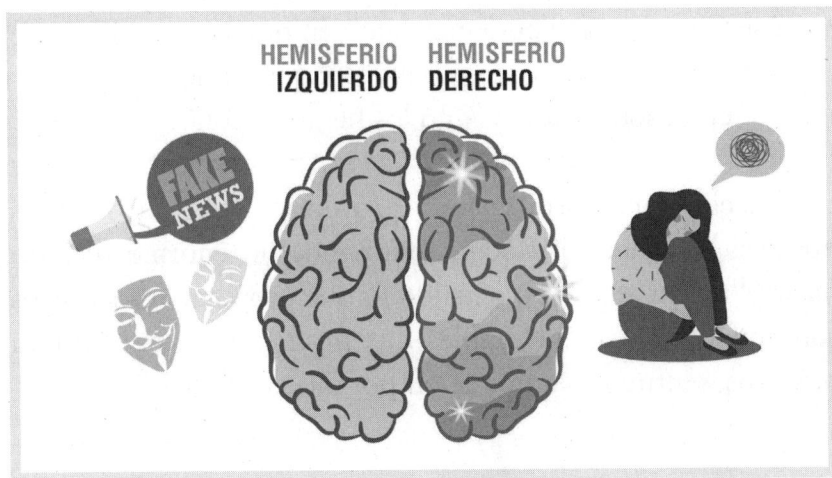

Una de las cosas más impresionantes que se han visto en neurología es lo que ocurre con personas que han tenido un infarto cerebral en su hemisferio derecho. Algunos enfermos no han reconocido tras la lesión partes de su propio cuerpo. Cuando a estos enfermos se les preguntaba de quién era esa parte de su cuerpo que no reconocían como suya y que podía ser un brazo o una pierna, contestaban cosas tan sorprendentes como que pertenecía a otra persona. Si el hemisferio izquierdo, que es donde se asienta el lenguaje y la autoconsciencia, es capaz de inventarse y creerse tales cosas, ¡cómo no se va a creer otras historias más sencillas y que él mismo fabrica!

Además de la confabulación, el hemisferio cerebral izquierdo utiliza otra estrategia que se llama proyección. Mediante esta estrategia proyectamos en otras personas aquellos rasgos que nosotros mismos tenemos y que no queremos ni reconocer ni por supuesto aceptar. Siempre es más fácil condenar a otros por sus errores que enfrentarse a la propia verdad, reconociendo los nuestros.

> No todo lo que proyectamos tiene necesariamente un tono negativo, sino que podemos también proyectar en otras personas diversos rasgos admirables que, aunque existen en nosotros, todavía no los hemos reconocido.

En el primer caso, cuando proyectamos en otros rasgos nuestros que nos disgustan, sentiremos un enorme rechazo hacia ellos. Sin embargo, cuando lo que proyectamos en otros son aquellos rasgos favorables que no hemos reconocido en nosotros, sentiremos admiración por tales personas.

23
LA RAZÓN ES IMPORTANTE,
PERO NO ES LO ÚNICO IMPORTANTE

La persona que está apegada al funcionamiento de su hemisferio cerebral izquierdo se convierte en alguien frío y rígido, incapaz de ponerse en el lugar de otras personas y entender de alguna manera su sentir. Imaginemos la importancia de esto cuando hablamos de tener inteligencia emocional o de actuar con humanidad en un entorno social. De todas maneras, es esencial saber valorar la labor excepcional que hace el hemisferio izquierdo del cerebro. ¿Nos imaginamos cómo sería la vida si no pudiéramos pensar, hablar o escribir? La genialidad del hemisferio cerebral izquierdo es que, utilizando solo veintiséis símbolos que son las letras del alfabeto, las puede combinar para formar palabras y frases que nos permiten analizar, describir, conceptualizar, conocer, comprender, interactuar, construir y manipular. Recordemos que nosotros pensamos con palabras y que nuestra manera de pensar afecta tanto al modo de percibir como de sentir.

El hemisferio cerebral izquierdo tiene un papel fundamental en cómo estamos experimentando nuestra vida. Cuando usamos el lenguaje de una forma constructiva, nos sentimos mejor y vemos más posibilidades en la realidad. De la misma manera, cuando lo utilizamos de una forma destructiva, nos sentimos peor y vemos más problemas en esa misma realidad. El hemisferio cerebral izquierdo nos aporta esa visión dualista de las cosas en la que contemplamos que existe «un dentro de nosotros» y también «un fuera de nosotros». El hemisferio cerebral derecho trasciende el adentro y el afuera, ya que está más allá del mundo de la dualidad. Recordemos que no hubo un mundo separado de nosotros hasta que el lenguaje pudo expresarlo.

En este sentido es importante resaltar que en las prácticas meditativas se registra una actividad especialmente intensa que comienza en el hemisferio derecho y que acaba sincronizando ambos hemisferios. Recordemos también que los sentidos internos del cuerpo, si bien mandan información a los dos hemisferios, solo el correspondiente al lado derecho recibe información de ambos lados del cuerpo. Por todo ello podemos reconocer que el hemisferio cerebral derecho tiene acceso a tres dimensiones:

— Inteligencia somática.
— Inteligencia espiritual.
— Recuerdos de gran intensidad emocional y que están fundamentalmente asociados a experiencias dolorosas.

Debido a la confabulación y a la proyección que hace el hemisferio cerebral izquierdo y que estudiamos en el anterior

capítulo, vemos el egoísmo, la hipocresía y la ignorancia en otros, pero no los reconocemos en nosotros. Si los reconociéramos, nos inventaríamos una historia, una narrativa, para que nos parecieran del todo justificables. No es nada sencillo caer en la cuenta de que, aunque las incongruencias puedan ser de distinto nivel, no hay más incongruencias en los demás que en nosotros mismos.

Lo primero que tenemos que aprender a hacer es dejar de agredir, de maldecir y de odiar a nuestros «enemigos». La sabiduría nos permite entender que ellos no están mucho más ciegos que nosotros.

La ceguera no se resuelve con el desprecio, con la ofensa ni con el insulto, sino con el reconocimiento de que todos somos de alguna manera «marionetas», «títeres» de las pulsiones de los egos. Este nivel de comprensión se transforma en compasión y capacidad de perdón, y ello crea una energía nueva que es capaz de sanar y de transformar desde lo más profundo a la persona. Por eso, emerge una vida nueva. Por todo ello es tan importante apreciar algo en los demás por escondido que pueda estar. Apreciamos desde la sabiduría y sanamos desde la compasión y el perdón.

24
QUE LOS ÁRBOLES
NO NOS IMPIDAN VER EL BOSQUE

El cuarto sistema operativo es el del hemisferio derecho del cerebro. Esta estructura correspondería a la corteza cerebral del hemisferio derecho y a algunas estructuras que están por debajo de ella como son, entre otras, el tálamo y los denominados ganglios de la base, los cuales tienen mucho que ver con el análisis de la información que llega por los sentidos —exceptuando el olfato— y con la coordinación de funciones y hábitos motores.

El sistema operativo del hemisferio derecho es holístico, es decir, que lo que le interesa es observar la relación entre las partes y el funcionamiento de un sistema en su conjunto. El sistema operativo del hemisferio derecho busca entender los contextos y le interesa mucho más conocer el todo que las partes.

> Si estuviéramos en un sitio lleno de árboles, al hemisferio derecho no le interesaría contar los árboles, simplemente vería un bosque.

El sistema operativo del hemisferio derecho observa cuidadosamente el lenguaje no verbal que expresan las personas con las que estamos en contacto. Contribuye, junto con el conjunto del sistema límbico, al almacenamiento de aquellos recuerdos, imágenes y símbolos que tienen un alto componente emocional; sobre todo si se asocian a vivencias dolorosas. El hemisferio derecho está especializado en captar a través de un sistema denominado de neurocepción si una determinada persona es amiga o enemiga. La percepción de hostilidad activa de manera inmediata el sistema nervioso simpático y otras partes del sistema nervioso, lo cual produce los siguientes efectos:

— Tensión muscular.
— Rigidez del rostro, dilatación de la pupila y sequedad de la boca.
— Alteración del patrón respiratorio.
— Parálisis del tubo digestivo.
— Pérdida de la coherencia cardiaca.

LENGUAJE NO **VERBAL**

Todo esto tiene un enorme impacto en los músculos, el corazón y el aparato digestivo, no considerados estos órganos exclusivamente por su capacidad de movernos, bombear sangre o procesar los alimentos, sino como auténticos cerebros que están procesando millones de datos de información y compartiéndolos con el cerebro intracraneal. La tensión generada en el cuerpo, cuando se percibe que estamos ante una persona hostil, activa una coraza, un candado neuromuscular que impide que la persona pueda poner en marcha otros patrones de respuesta que no sean el ataque, la huida o el bloqueo.

Es importante en este momento recordar que este tipo de reacciones tan intensas no tienen que ser causadas por un enemigo real, sino que puede ser producidas por traumas que experimentamos hace años y que ahora se reviven de nuevo con todo el cortejo emocional acompañante.

> Un simple gesto, una determinada forma de mirar, un comentario aparentemente trivial, puede desencadenar de manera automática y casi inmediata una gran reacción emocional.

La misma reacción emocional puede ser también causada por una interpretación que estamos haciendo de algo que sucede y que nos genera sentimientos de culpa, vergüenza, impotencia o desesperanza. En este caso es una narrativa generada desde el hemisferio cerebral izquierdo la que activa esas heridas que en forma de recuerdos se guardan en el hemisferio derecho, en nuestro inconsciente. La reacción del sistema nervioso simpático es solo una manifestación del rechazo que sentimos hacia una situación determinada, reacción que se expresa a través del cuerpo, el cual se convierte desde ese mismo momento en el gran impedimento para que dicha situación pueda ser aceptada y resuelta de la manera más creativa y eficiente que sea posible. La clave es no resistirse a esa experiencia, aceptarla sin quedar envuelto en ella, observándola desde una determinada distancia. Mantenerse plenamente atento y a la vez sereno y relajado es lo que nos permite fluir.

Una musculatura tensa, un corazón que no está en coherencia y un aparato digestivo paralizado cierran cualquier otra posibilidad que no sea la de atacar, correr o quedarse paralizado. Nada de esto permite que la inteligencia y la creatividad fluyan. Por eso, cuando cambiamos nuestra narrativa y cuando el cuerpo se mantiene relajado, tranquilo y sereno, también estamos cambiando estos patrones automáticos de reacción que, aunque emergen desde el hemisferio cerebral derecho, son desencadenados realmente desde el izquierdo, el cual está interpretando esta situación de una manera determinada y que, por supuesto, no tiene por qué corresponder en absoluto con la realidad.

La incompatibilidad que vemos entre hacer frente a una situación compleja y mantenernos a la vez serenos no es real, solo es una ficción que nos hemos creído de tanto practicarla. Todos hemos tenido al menos una experiencia en la que frente a una situación altamente compleja nos hemos mantenido serenos y hemos actuado con rapidez, resolución y eficiencia que hasta a nosotros mismos nos ha dejado perplejos. Es como si súbitamente se expandieran nuestras capacidades a un nivel que previamente nunca antes habíamos conocido. En esos momentos, la mente se llena de claridad y el cuerpo está libre de cualquier tensión innecesaria. A su vez, notamos una sorprendente serenidad que nos permite actuar con excepcional precisión. No necesitamos pensar, es como si una inteligencia que fuera más allá del propio pensamiento estuviera guiando nuestros pasos. A este estado lo llamamos fluir y como vemos

es completamente diferente al atacar, huir o quedarse bloquea-
do. Por otro lado, la relación con el desafío es completamente
diferente, ya que da la sensación de que en lugar de estar resis-
tiéndonos a él estamos «bailando» con dicho desafío en una
danza llena de equilibrio y armonía.

Ambos hemisferios han integrado sus funciones como si
fueran una unidad y por eso hay a la vez tanta armonía y
precisión. Digamos que la música —hemisferio derecho—
y la letra —hemisferio izquierdo— están creando una
canción que alegra, seduce y enamora.

25
EN LA UNIÓN ESTÁ LA SOLUCIÓN

Las dificultades que experimentamos a la hora de hacer frente a desafíos, problemas y situaciones complejas no deriva de la falta de recursos internos, sino de nuestra división interior. La capacidad de fluir ante una situación difícil solo puede emerger si superamos la división que existe entre los dos hemisferios cerebrales. Es la ignorancia de este hecho lo que trae tantas limitaciones y tanto sufrimiento a nuestras vidas. Por eso, en la unión está la solución.

La integración de los dos hemisferios supera las limitaciones con las que opera el hemisferio izquierdo y puede traer al mundo de la materia las posibilidades que solo está viendo el hemisferio derecho, que es el que conecta con el mundo del espíritu.

Es la integración de ambos hemisferios y la unificación de sus procesos mentales lo que permite que, al superarse la división que previamente existía, los traumas emocionales y los patrones limitantes que antes dominaban la vida se sanen y se transformen. El ego, símbolo de división y establecido como única fuerza dominante, se desvanece cuando dicha unión se produce. La persona que ha unificado sus dos conciencias es percibida por otros de una forma nueva y diferente, al tener una presencia que irradia un extraordinario poder interior. Esa misma persona se contempla a sí misma de una forma completamente distinta y ahora puede reconocer en sí unos talentos y un potencial frente a los que previamente estaba completamente ciega. No es de extrañar que esa persona que se ha descubierto con una nueva identidad se sienta ahora mucho más capaz y confiada a la hora de conquistar esos desafíos complejos de la vida frente a los que antes se sentía impotente y desvalida. Ahora, ante tales pruebas, las hace frente sin titubeo alguno, con absoluta decisión y con el convencimiento de que antes o después va a superarlas.

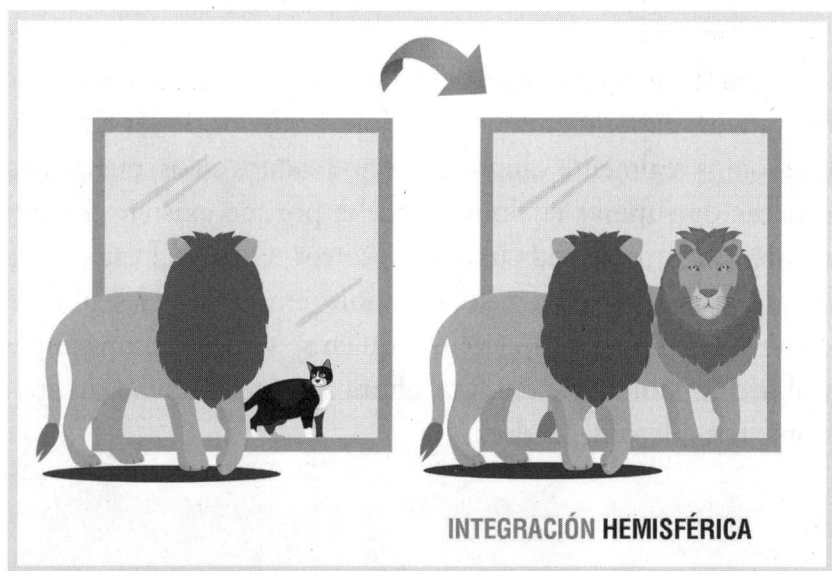

INTEGRACIÓN **HEMISFÉRICA**

La integración de las funciones operativas de ambos hemisferios produce una transformación en la forma de relacionarnos con nosotros mismos, con los demás y con el mundo. Por eso también es raro que algo pueda compensar más, por difícil que sea y por mucho que cueste, que generar esta unificación. Lo que una persona con una consciencia unificada puede hacer para contribuir a que este mundo sea un mundo mejor es algo extraordinario No es que solo esté inspirada por las ideas más elevadas y el conocimiento más profundo, sino que, además, es capaz de aterrizarlo en una manera de ser y de estar que tiene un enorme impacto e influencia en otras personas.

Cualquier persona que haya conseguido tal integración de sistemas operativos es alguien que en lugar de posicionarse a favor de uno u otro hemisferio cerebral y de sus capacidades específicas, ha buscado modos para que ambos hablen entre sí, para que dialoguen y pueda así emerger una nueva realidad. Esta nueva realidad es mucho más que la suma de las partes.

Cuando se ha producido la unificación de ambos sistemas operativos, experimentamos que somos dignos de ser amados, que somos realmente valiosos, que no estamos solos, que somos capaces de superar cualquier prueba porque existen grandes recursos dentro de cada uno de nosotros. Quien tal vez se veía antes como una tosca madera, ahora empieza a descubrirse como un extraordinario violín y, quien se veía como un simple y aburrido tablero de madera, ahora se percibe como un apasionante tablero de ajedrez.

26
Descubrir la unidad en la diversidad

El sistema operativo del hemisferio cerebral derecho no divide, sino que une. No ve la separación entre las cosas, sino que sabe que forman una unidad. Por eso se le conoce como *el hemisferio holístico.* Este sistema operativo se desarrolla y madura antes que el del hemisferio izquierdo. En los niños pequeños, el hemisferio derecho es el más activo a la hora de recoger la información. Por la misma razón los niños, cuando son muy pequeños, no pueden diferenciar su cuerpo del resto del mundo, ya que solo ven una unidad. El hemisferio cerebral derecho es el que favorece la empatía, la compasión, la conexión, la unificación y la integración.

El sistema operativo del hemisferio cerebral derecho no conoce a través del razonamiento o del lenguaje, sino a través de la imaginación, que, como veremos más adelante, se distingue claramente de la fantasía. El derecho también tiene acceso a la información que le llega de la totalidad del cuerpo y tiene una conexión muy íntima con el sistema límbico. En lo que se refiere a las estructuras que dan soporte físico al inconsciente, podemos identificar tres:

— El hipotálamo, que sería la base anatómica del inconsciente más antiguo, más arcaico y que correspondería al ID.
— El sistema límbico, que daría origen al denominado inconsciente límbico.
— El hemisferio derecho del cerebro, que daría lugar a lo que se conoce como el consciente inconsciente; es decir, el estarse dando cuenta sin que nos estemos dando cuenta. Es algo así como conducir en piloto automático. Hay algo que nos está llevando a nuestro destino sin que estemos siendo conscientes de ello.

EL HEMISFERIO DERECHO TIENE UNA VISÓN HOLÍSTICA

El sistema operativo del hemisferio derecho del cerebro procesa la información que recibe con el objetivo fundamental de que el organismo pueda adaptarse a entornos nuevos y cambiantes. Además, está muy involucrado en el crecimiento, la mejora y evolución de la persona, ayudándola a trascender y conectar con realidades suprasensibles.

El hemisferio cerebral derecho conoce la importancia que tiene generar lazos afectivos con uno mismo, con los demás y con el mundo. De alguna manera su sistema operativo busca la superación de cualquier división y la recuperación del sentido de unidad. Por eso busca conectar el mundo superficial con el mundo profundo y lo hace a veces a través de la expresión artística.

> El sistema operativo del hemisferio cerebral derecho está enfocado en favorecer el despertar de la consciencia para la creación de un mundo mejor.

Por todo ello, este sistema operativo no solo mira desde «fuera de la caja», sino que, además, nos mueve a pensar y a vivir fuera de ella, de una «caja» que está representada por el sistema operativo del hemisferio izquierdo. El sistema operativo del hemisferio derecho es el que invita a la aventura, al reto, a romper límites, a despertar y a contribuir. De los dos hemisferios cerebrales, el derecho es el único que tiene la capacidad de captar realidades suprasensibles. Podríamos resaltar una vez más que es un espacio finito en el que están ocurriendo procesos infinitos. Hay, por consiguiente, una dimensión oculta en el hemisferio derecho que le está totalmente velada al izquierdo, y que nada tiene que ver con el pesar, el medir, el calcular, el conceptualizar, el clasificar o el fabricar, y que es algo tan propio del hemisferio izquierdo.

Esta capacidad que tiene el hemisferio cerebral derecho de captar realidades que son a la vez profundas y elevadas puede generar un posicionamiento aparentemente irreconciliable con el sistema operativo del hemisferio cerebral izquierdo, tan volcado en lo material, tan cerrado a lo espiritual y tan interesado en el poder, la seguridad, el control, la utilidad, el logro, los resultados, lo práctico, lo racional, las reglas establecidas y los patrones fijos de conducta.

En el mundo inconsciente, que como hemos visto está conectado a tres estructuras anatómicas, el hipotálamo, el sistema límbico y el hemisferio derecho, habitan excepcionales capacidades para

— imaginar y crear nuevas posibilidades y oportunidades en la vida,
— mantenernos serenos, tranquilos en medio de situaciones de enorme presión y gran complejidad,
— entender inmediatamente una situación, por complicada que sea y actuar con extraordinaria eficacia y eficiencia,
— aprender a una enorme velocidad,
— expresar una gran firmeza y poder interior,
— superar el cansancio y actuar con una portentosa energía.

Como el hemisferio cerebral izquierdo madura más tarde que el derecho, gran parte de las experiencias afectivas que hemos vivido durante la niñez y que son clave en la construcción de un sentido de identidad —de ese encontrar la respuesta a la pregunta ¿quién soy yo?—, quedan almacenadas en el hemisferio cerebral derecho y, no son fácilmente accesibles al hemisferio izquierdo, en el que se asienta la autoconsciencia.

El hemisferio derecho tiene un acceso mucho más rápido y amplio a lo que está ocurriendo en el sistema límbico, el cual está en un contacto muy íntimo con el cuerpo, y en esto lleva una clara ventaja al hemisferio izquierdo. Muchas veces queremos sentirnos de una forma y nos sentimos de otra muy diferente y, también por eso, podemos notar que, objetivamente, todo está bien en nuestra vida y, sin embargo, no sentirnos felices.

27
Cuando el cuerpo es el que habla

El hemisferio cerebral derecho es clave en el lenguaje corporal, ya que registra información de los dos lados del cuerpo, a diferencia del hemisferio izquierdo, que solo recibe información del lado derecho. Esta conexión tan íntima entre el hemisferio derecho y el cuerpo es responsable de que los sentimientos intensos tengan tan rápidamente una expresión en el cuerpo. También explican por qué cambios en la postura del cuerpo y en su nivel de tensión tienen un impacto tan marcado en cómo nos sentimos.

> Cuando una persona relaja su rostro y sonríe, se empieza a sentir mejor y hace que los que están a su alrededor también se sientan más tranquilos y confiados.

Todos tendemos a quedarnos atrapados dentro de esa serie de corazas corporales, de candados neuromusculares que reflejan no solo los traumas vividos, sino que, además, mantienen vivos esos mismos traumas. No olvidemos que hablamos de circuitos de ida y vuelta; es decir, que su influencia se nota en los dos sentidos.

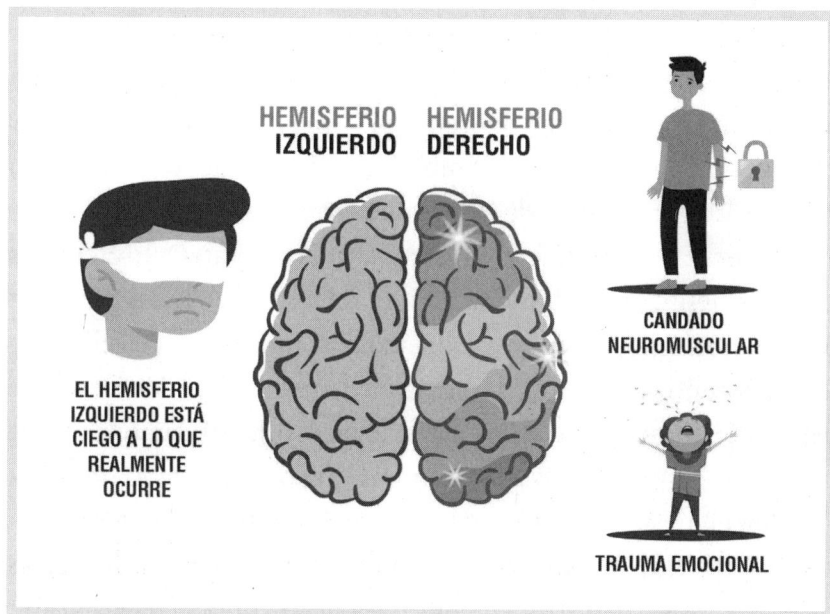

HEMISFERIO IZQUIERDO   HEMISFERIO DERECHO

EL HEMISFERIO IZQUIERDO ESTÁ CIEGO A LO QUE REALMENTE OCURRE

CANDADO NEUROMUSCULAR

TRAUMA EMOCIONAL

Una de las cosas más importantes que podemos hacer para sentirnos mejor es empujarnos a adoptar posiciones corporales abiertas, expandidas y relajadas, por difícil que esto nos pueda parecer. Otro trabajo muy importante para mejorar el mundo afectivo es generar en nosotros el tipo de sentimientos que se tienen cuando uno se siente valioso, digno de ser amado, capaz e inteligente. Recordemos que muchos de los sentimientos que experimentamos cada día y que forman ya parte de nuestra zona de confort, obedecen únicamente a patrones pasados que se repiten una y otra vez. Aunque pueda resultarnos poco familiar, es importante que nos entrenemos en sentirnos bien y en que el cuerpo, lejos de contradecir esto, también exprese este bienestar interno. Para muchas personas aquello que les es familiar son los sentimientos de frustración, impotencia y desesperanza. Llevan tanto tiempo experimentándolos que se han acabado identificando con ellos, los han acabado considerando como parte de quienes son. Por eso, cuando empiezan a sentirse bien, competentes, valiosas, ilusionadas, estos sentimientos les resultan tan extraños que empiezan a sentir una profunda ansiedad. Es como si se dijeran así mismas: «Esto no puede ser tan bueno, algo está mal. Es mejor que no me alegre demasiado porque luego, cuando de nuevo me tropiece, será peor».

Parece mentira que algo así nos pueda atrapar. Preferimos el sufrimiento de lo familiar que la ansiedad que nos provoca lo que no lo es. El mayor obstáculo a nuestro crecimiento y evolución no está fuera, sino dentro de nosotros. Extraemos de las circunstancias externas las excusas y justificaciones para explicarnos por qué no avanzamos. De esta manera no tenemos que hacer frente a una verdad que nos invita a tomar responsabilidad y que nos muestra que nos estamos ocultando detrás de esas excusas y justificaciones para no reconocer esa división que existe dentro de nosotros y hacer algo para superarla.

El mundo interno y el externo son parte de una misma realidad, y aunque se pueden distinguir, no se pueden separar, de la misma manera que no se puede separar el oro de la joya hecha de dicho metal. Ambos forman ya una unidad.

Cuanto más dividido esté yo por dentro, más fácil será encontrar justificaciones creíbles de por qué no avanzo y progreso más en la vida. Cuanto menos dividido esté por dentro, más complicado será encontrar excusas que justifiquen por qué no avanzo. Por eso, carece de sentido maldecir los obstáculos que aparecen en la vida porque al hacerlo, también nos estamos maldiciendo a nosotros mismos por no estar haciéndoles frente con la serenidad, el entusiasmo y la confianza que corresponde.

Rechazar ciertas pruebas porque son difíciles es también rechazarnos a nosotros mismos, aunque no seamos conscientes de ello. No necesitamos reducir el tamaño de la prueba, sino aumentar nuestra fortaleza frente a ella.

Gran parte de esas reacciones emocionales automáticas que afectan al cuerpo y que no sabemos ni entender ni gestionar desde el hemisferio izquierdo son debidas a la activación de una serie de recuerdos con gran carga afectiva y que son nuestras «heridas». La consciencia del hemisferio cerebral izquierdo no solo no reconoce su existencia, sino que, además, no tiene acceso a ellas. Lo único que sentimos es incomodidad, confusión y falta de control. Estas «heridas» pueden ser reactivadas por mínimos incidentes que tienen de alguna manera asociación con ellas. Los trabajos de Freud, Jung, Erickson y muchos otros grandes terapeutas lo que buscaban era que el sistema operativo del hemisferio cerebral izquierdo pudiera conectar de una forma mucho más profunda con el sistema operativo del hemisferio derecho. Esto produciría una unificación de ambos, lo cual generaría una sanación de esos traumas, de esas «heridas», y la transformación de la persona.

Por alguna razón tenemos que darnos cuenta —hemisferio cerebral izquierdo— de lo que no nos estamos dando cuenta —hemisferio cerebral derecho— para así expandir nuestra consciencia y ser realmente libres.

28
INTEGRAR ES MEJOR QUE ENFRENTAR

La dificultad fundamental para que dicha integración entre las consciencias de ambos hemisferios cerebrales ocurra, es que el sistema operativo del hemisferio izquierdo no quiere saber lo que está pasando en el otro lado, en el derecho. Es como si considerara a este como una especie de «basurero» donde se acumulan cosas que no le interesa reconocer que existen —nuestros traumas emocionales, nuestras «heridas», nuestras «sombras»—. De lo que no se da cuenta el hemisferio izquierdo es que ese otro al que percibe como un simple «basurero» no solo contiene, efectivamente, aquellos traumas emocionales y dolorosos que experimentamos en la niñez, sino además, recursos extraordinarios y es un puente a la dimensión espiritual de la existencia.

Si usáramos una analogía, el hemisferio izquierdo es el que nos aporta dos dimensiones —largo y ancho—, o dos

> colores —blanco y negro—, mientras que el hemisferio derecho nos aportaría la tercera dimensión —profundidad— y los tres colores primarios —amarillo, magenta y cian—.

Siguiendo con la misma analogía, no podemos reconocer en un plano de dos dimensiones —hemisferio izquierdo— lo que existe en la tercera dimensión porque ni siquiera sabemos que existe, ni se nos pasa por la cabeza. Tampoco podemos reconocer la existencia de colores si nuestra visión es solo en blanco y negro. De hecho, puede lesionarse la región V8 de la corteza cerebral del lóbulo occipital del cerebro y producirse acromatopsia, que significa 'visión sin color'. Imaginemos lo que tiene que ser ver un tomate o una hoja de lechuga de color gris. Por eso, cuando hablamos de «pensar dentro de la caja» hablamos de pensar dentro de las coordenadas del hemisferio cerebral izquierdo y que hacen referencia a la materia, el tiempo, el espacio, lo medible, lo razonable. Se nos pasa por alto todo lo que existe más allá de la materia —la energía, la imaginación, el amor—, más allá del tiempo —el eterno presente— y del espacio —el vacío, lo que no tiene forma y que sin embargo las contiene todas—. También se nos pasa lo que no es medible y lo que tampoco es razonable, aunque sea posible. La intuición y la imaginación trascienden, van más allá de las estrechas coordenadas de la razón. Si el hemisferio izquierdo del cerebro fue el que dio lugar a la física newtoniana, el derecho es el que ha dado lugar a la física cuántica. No es que una realidad y otra sean irreconciliables, sino que son complementarias si uno es capaz de entender que se puede ver con los ojos y que se puede ver también a través de los ojos. Cuando vemos con los ojos, vemos un mundo material y superficial. Cuando vemos a través de los ojos, vemos un mundo espiritual y profundo. El primero nos aporta la practicidad y el segundo, la sabiduría. De alguna manera, el hemisferio derecho del cerebro nos pondría en contacto con ese conocimiento ancestral de los arquetipos de los que tanto hablaba Jung y que contienen la sabiduría acumulada a lo largo de la evolución humana. De otra, es el hemisferio cerebral derecho el que nos sumerge en el misterio, en todo aquello que supera los límites de esa lógica que maneja el hemisferio izquierdo y a la que llamamos razón. Por eso, «solo los locos rompen los límites».

> Los límites no los marca la realidad, sino el hemisferio cerebral izquierdo a través de la lógica tan limitada que él maneja.

Como el hemisferio cerebral izquierdo nota la presencia de fuerzas que no sabe entender ni dominar, las percibe como fuerzas oscuras e incluso diabólicas. Esta es una de las razones por las que entrar en el mundo del inconsciente puede generar tanto recelo en muchas personas.

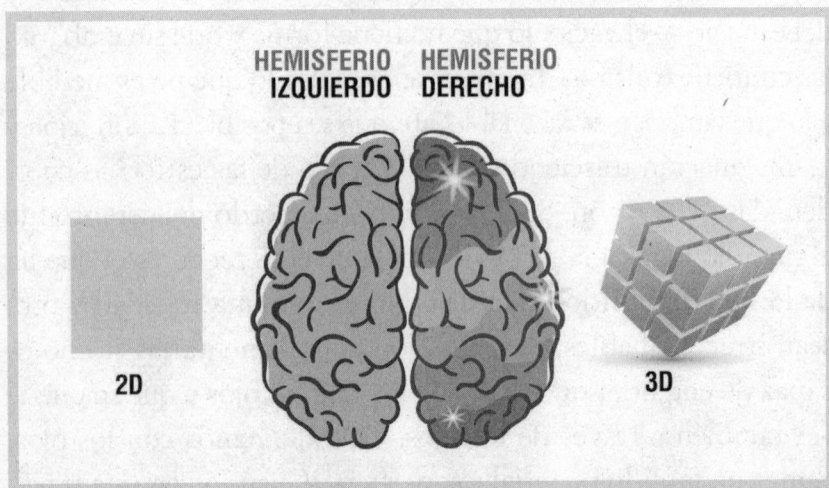

HEMISFERIO IZQUIERDO HEMISFERIO DERECHO

2D 3D

Hay otro mundo muy interesante y que muestra claramente la diferencia con la que operan ambos hemisferios cerebrales. Es lo que se denomina la geometría sagrada. De cara al hemisferio izquierdo, la geometría sagrada es una manera peculiar de formas geométricas. Sin embargo, de cara al hemisferio derecho, la geometría sagrada es un símbolo; es decir, un puente que conecta dos mundos: uno material y otro espiritual, y que nos muestra un saber que no somos capaces de explicar, solo de experimentar. La dominancia del hemisferio cerebral izquierdo me recuerda a lo que ocurre cuando el sol ilumina intensamente y no es posible distinguir las estrellas. Las estrellas están, pero no hay manera de verlas.

29
Los límites del mundo

Cuando ampliamos nuestro lenguaje, también ampliamos nuestra razón, nuestra lógica, ya que en el hemisferio izquierdo del cerebro, lógica y lenguaje son dos realidades que se pueden distinguir, pero no separar. Por eso, el filósofo austrohúngaro Wittgenstein dijo: «Los límites de mi lenguaje son los límites de mi mundo».

Quien hace nuevas distinciones lingüísticas ve más, se da cuenta de más cosas, expande más su razón y, por consiguiente, su percepción. Lamentablemente, el dominio que ejerce el hemisferio cerebral izquierdo sobre el derecho es de tal magnitud que no solo pretende someterle, sino que, además, quiere absorber sus funciones incluso en aquello en lo que está mucho menos capacitado para hacerlo. Quien solo sabe «pensar dentro de la caja», no puede resolver desafíos cuya solución está, precisamente, fuera de ella. Por su parte el hemisferio derecho del cerebro hace lo que puede para que se escuche su voz por más difícil que se lo ponga el otro hemisferio.

Decía el genial William Blake: «El perfeccionamiento traza caminos rectos, pero los serpenteantes caminos imperfectos son los del genio».

Si bien hemos de reconocer que al hemisferio cerebral izquierdo se le deben en gran medida tanto el progreso científico como el técnico, no es menos cierto que los grandes saltos de la imaginación y las intuiciones profundas son fruto del procesamiento que lleva a cabo el derecho. Esta podría ser una de las razones por las que Einstein se enfadaba tanto cuando atribuían sus descubrimientos a la lógica, en lugar de dar el merecido reconocimiento a la imaginación. Las verdades más profundas no son accesibles de entrada al hemisferio izquierdo del cerebro. Solo el lado derecho tiene acceso a ellas. En una cultura donde el hemisferio cerebral izquierdo ejerce tal nivel de dominancia, dichos aspectos profundos de la realidad son ignorados o incluso despreciados. Por eso, los hombres y mujeres de ciencia no pueden decir que dichas realidades, las llamemos energía vital, ki, campo cuántico o Dios, no existen. Lo único que pueden decir es que no saben si existen o no porque de momento no se puede comprobar con los métodos científicos actuales. No poder comprobar hoy la existencia de algo no quiere decir que, necesariamente, no pueda existir.

Quien solo ve en el mar su superficie, se está perdiendo los secretos y las posibilidades que encierran sus profundidades. Quien solo ve el mundo de lo material, de lo que tiene forma, se pierde el fondo, el mundo de los espiritual y que encierra en sí todas las infinitas formas.

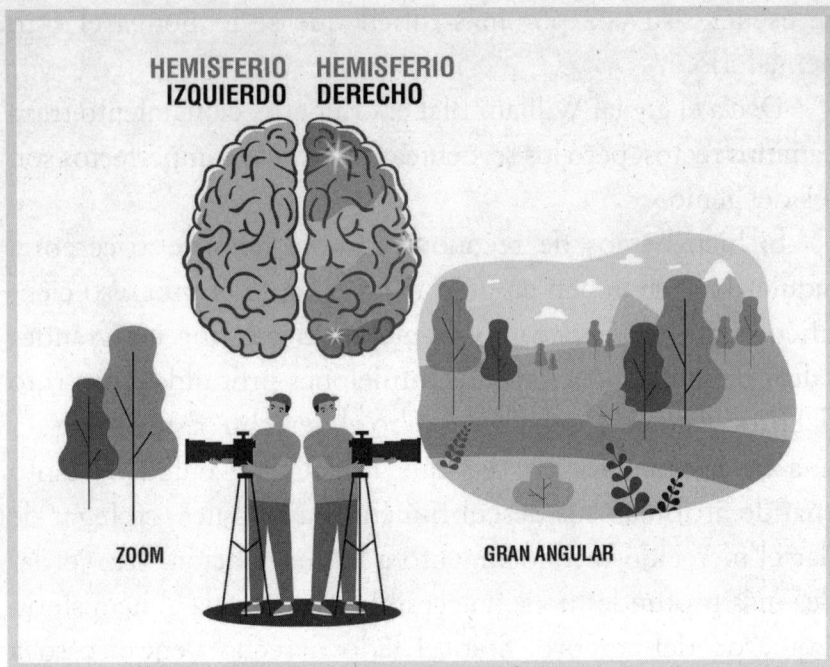

HEMISFERIO IZQUIERDO — HEMISFERIO DERECHO — ZOOM — GRAN ANGULAR

Hoy, cuando se habla del campo cuántico, se habla de uno de infinitas posibilidades y que, dependiendo del tipo de observador que seamos, de todas esas infinitas formas potenciales que existen en dicho campo cuántico, es solo una de ellas la que colapsa, la que se manifiesta en el mundo físico. No se trata de «vender» a nadie ninguna idea, tan solo de abrirnos a explorarla. Hace años nadie habría imaginado que se considerarían al corazón y al aparato digestivo como cerebros complementarios al que existe en nuestras cabezas. Tampoco nadie se hubiera planteado que los procesos mentales tendrían un impacto tan grande en el funcionamiento del organismo. Hoy pocos cuestionan que el distrés, esa forma negativa de estrés que tantas personas padecen, es capaz de producir o empeorar enfermedades físicas. Recordemos que aquí no se trata de enfrentar dos sistemas, el consciente y el inconsciente. Tampoco de descubrir si es más valioso el hemisferio cerebral izquierdo o el derecho.

De lo que se trata es de integrar ambos para que emerja algo nuevo. Por eso, en la unión está la solución. Hemos de evitar como sea el típico posicionamiento que acaba generando enfrentamiento. Es verdad que para el hemisferio cerebral izquierdo, el inconsciente es un mundo oscuro y caótico del que hay que olvidarse. Sin embargo, esta lectura es errónea, ya que en ese mundo proscrito y olvidado hay excepcionales recursos que complementarían los que tiene el hemisferio cerebral izquierdo. Si el izquierdo hace un *zoom* y se enfoca en el detalle de algo excluyendo el contexto, el hemisferio derecho sería el «gran angular» que se enfocaría en el contexto y excluiría el detalle. Muchas de las soluciones a los problemas a los que nos enfrentamos no las vamos a encontrar por más que los analicemos en detalle, porque están en el contexto. Esto es algo así como tratar los síntomas de una enfermedad sin comprender cuáles son los factores internos y externos que están originando dicha enfermedad. La medicina alopática, la medicina occidental, está muy enfocada en el análisis y el detalle de cada elemento. Por eso se estudia a fondo cada bacteria y cada tumor. La medicina tradicional tibetana presta mayor atención al contexto, al por qué unos organismos son más susceptibles a la infección por ciertas bacterias o al desarrollo de determinados tumores. La medicina alopática estaría más enfocada en destruir al agente dañino, mientras que la medicina tradicional tibetana y otras formas de medicina oriental se enfocarían en cómo hacer el terreno, el cuerpo, más hostil a la presencia de bacterias o al desarrollo de tumores.

30
HUMILDAD Y ATENCIÓN, UN BINOMIO GANADOR

Hemos de tener, además, en cuenta que el hipotálamo, el sistema límbico, el hemisferio cerebral derecho y el izquierdo pugnan entre sí para tener acceso a:

— Formas en la que se enfoca la atención; hacia dónde se mira y qué es lo que se ve.

— Maneras en la que se valoran las cosas, cuál es la escala de prioridades.

— Sentimientos que se experimentan.

— Procesos emocionales que se ponen en marcha en el cuerpo.

— Decisiones que se toman.

— Conductas que se emprenden.

Cuando el hemisferio cerebral izquierdo se abre a explorar los procesos que suceden en el otro hemisferio, ambos empiezan a integrarse y a unificar sus sistemas operativos, dando lugar a algo nuevo, diferente y con sorprendentes capacidades y recursos. Para lograr esta integración hace falta humildad, la humildad por parte del hemisferio cerebral izquierdo de reconocer que toda abstracción es una extracción y esto limita la manera de contemplar una realidad, ya que solo se observa lo que se ha extraído de ella. Recordemos que es el hemisferio izquierdo el que da el sustento fundamental al ego humano, un ego que se caracteriza por:

— percepción de escasez,
— egocentrismo,
— obsesión por la propia seguridad y por cubrir las propias necesidades,
— voluntad de dominio, busca del poder,
— tendencia a la rivalidad,
— mentalidad enjuiciadora,
— rechazo a la incertidumbre.

El hemisferio derecho del cerebro, profundamente conectado con el mundo del espíritu, necesita al izquierdo para interactuar con el entorno físico. Es este el que puede plasmar realidades profundas y suprasensibles en el mundo de la materia. Miguel Ángel, posiblemente el mejor escultor de la historia, a pesar de su enorme inspiración y de su extraordinaria creatividad, necesitaba plasmar dicha genialidad en la piedra, usando sencillos instrumentos como el martillo y el cincel, algo que dependía de su hemisferio cerebral izquierdo.

> Si el hemisferio derecho es el que nos habla de la verdadera identidad, de nuestro auténtico Ser, es el izquierdo el que ha de plasmarlo en una forma específica de ser y de estar en el mundo.

HEMISFERIO
IZQUIERDO

HEMISFERIO
DERECHO

De los dos hemisferios cerebrales es el derecho el que decide dónde ponemos fundamentalmente nuestra atención, ya que en esto tiene una clara dominancia. No ha de extrañarnos que sea este el dominante en lo que a la atención se refiere, al ser el encargado de ayudarnos a hacer frente a territorios inciertos en los que no podemos poner en marcha simples patrones automáticos de funcionamiento. Es el hemisferio cerebral derecho el que tiene que descubrir —y para eso hay que estar muy atento—, los patrones que operan en ese nuevo territorio. Él presta atención sin que nosotros, el hemisferio izquierdo, sea consciente de ello. Por eso hablamos de una atención inconsciente, una atención de la que no nos estamos dando cuenta.

La atención tiene una importancia fundamental en todos los sistemas operativos del cerebro, ya que determina lo siguiente:

1. Si nos mantenemos en el pasado, si estamos en el presente o nos proyectamos al futuro. Todos sabemos que hay personas «atrapadas» por el ayer o angustiadas por el mañana. Es fundamentalmente el hemisferio cerebral izquierdo el que nos mueve por la línea del tiempo, ya que para el derecho solo existe un presente continuo.
2. Lo que es prioritario porque se valora de una forma especial.
3. El nivel de profundidad con el que se explora una determinada realidad y, por consiguiente, lo que se puede ver y descubrir en dicha realidad.

El hemisferio izquierdo utiliza la atención para analizar y para hacer la «disección» de una determinada realidad. Esto es fundamental para conocer los detalles. El derecho usa la atención para estudiar la conexión entre las distintas partes.

Dado el auge que la lógica tomó sobre todo desde la época de Newton, Galileo, Descartes y el periodo de la Ilustración en el siglo XVIII hasta lo que se conoce como Edad Moderna, todo aquello que no fuera el seguir las normas estrictas del conocimiento científico era mirado con cierto desdén. Por otra parte, la separación que se veía entre el mundo de dentro y el de fuera hizo que incluso en las religiones, Dios o los dioses, según las distintas tradiciones, estuvieran en un lugar lejano, llamémosle cielo o llamémosle monte Olimpo, que era el lugar en el que se consideraba en la Grecia clásica que habitaban sus dioses. Esta distancia entre los dos mundos para nada ha favorecido una experiencia espiritual íntima y profunda en la que uno tenga una experiencia personal de Dios, de la Consciencia Universal, del campo cuántico o como uno prefiera llamarlo. Nada de semejante magnitud puede quedar encerrado en ninguna palabra. Sería algo así como querer meter el océano en un agujero que hiciéramos en la playa usando una pala y un rastrillo.

El hemisferio cerebral derecho, a diferencia del izquierdo, no separa los dos mundos, sino que los conecta. Por eso, y como he comentado previamente, me gusta recalcar que la física newtoniana refleja el sistema operativo que utiliza el hemisferio izquierdo del cerebro, mientras que la física cuántica refleja el sistema operativo del derecho. Ninguno posee la verdad y, aunque tendemos a ver ambas visiones de la física como irreconciliables, en realidad son complementarias porque hablan de dos dimensiones de una misma realidad. En la superficie todo es materia, mientras que en la profundidad todo es energía. En la superficie las cosas están separadas, mientras que en la profundidad todas están conectadas. En la superficie el observador solo describe lo observado, pero no influye en ello, mientras que en la profundidad el observador sí influye en lo observado.

31
EL DESCUBRIMIENTO
DE UNA NUEVA REALIDAD

Cuando se consiguen integrar los dos sistemas operativos, el del hemisferio cerebral izquierdo y el del derecho, entonces emerge un nuevo conocimiento y una nueva percepción de la realidad. Es a partir de ese momento cuando empezamos a contemplar la realidad con otros ojos. Esto lo describió maravillosamente Marcel Proust con unas sencillas palabras llenas de sabiduría y profundidad: «El verdadero acto del descubrimiento no consiste en salir a buscar nuevas tierras, sino en aprender a ver la vieja tierra con nuevos ojos».

Para tener acceso a la magia contenida en el hemisferio derecho y favorecer que los dos sistemas operativos, el del hemisferio cerebral izquierdo y el del hemisferio cerebral derecho, se integren, es necesario:

1. Reconectar con el cuerpo y con aquellos elementos del inconsciente que están en relación con él.

2. Renunciar a la utopía del querer controlar un proceso que se escapa por completo a los límites estrechos de la razón.

3. Trabajar la contemplación; es decir, el saber mantenerse en silencio, en una actitud abierta y receptiva ante lo que puede surgir, ante lo que puede manifestarse, dejándonos sorprender.

4. Evitar juzgar lo que sucede como bueno o malo. Hay cosas que superficialmente pueden parecernos de una manera y ser algo muy distinto en el fondo.

5. Desarrollar la empatía, ese abrirnos a escuchar para conocer y comprender en lugar de juzgar.

6. Mantener un espíritu curioso e interesado.

Recordemos que si el sistema operativo del hemisferio cerebral izquierdo es el que crea esa narrativa, ese yo con el que nos identificamos, es el sistema operativo del hemisferio derecho el que nos permite conectar con la verdadera identidad, con nuestro verdadero Ser. Por eso, el punto de partida cuando queremos integrar los dos sistemas es el mundo conocido del hemisferio izquierdo con todas sus creencias, reglas y suposiciones. Para penetrar en ese mundo desconocido que nos muestra el hemisferio derecho hemos de ser capaces de aprender a observar sin prejuicios ni suposiciones previas. Aceptar que la disposición que uno tiene ante un mundo familiar no es la misma frente a uno que no lo es, es de una extraordinaria importancia.

Quien suma a su ignorancia su prepotencia cometerá todo tipo de errores. Quien actúa de esta manera cree que está en posesión de la verdad e intentará aplicar lo que conoce y lo que sabe a cualquier cosa que se encuentre.

Mark Twain decía: «Quien tiene como única herramienta un martillo, creerá que todo lo que encuentra es un clavo». Cuando lo que encuentre no sea un clavo, sino una tuerca, como no tiene forma de distinguirlos, la golpeará como si fuera un clavo. Al comprobar que no se clava en la pared, creerá que ese clavo es defectuoso. Es difícil que una persona atrapada en esa percepción tan limitada, se plantee las cosas de una manera distinta. En la India hablan de *maya* para referirse a ese sueño en el que vivimos y que nos parece vigilia. Maya estaría conectada con el hemisferio izquierdo del cerebro, mientras que el mundo conectado con el hemisferio derecho del cerebro sería una vigilia, un despertar que maya, sin embargo, interpretaría como sueño. Por eso, una realidad que conscientemente solo hemos experimentado a través del hemisferio cerebral izquierdo, cuando incluimos al hemisferio derecho en esa experimen-

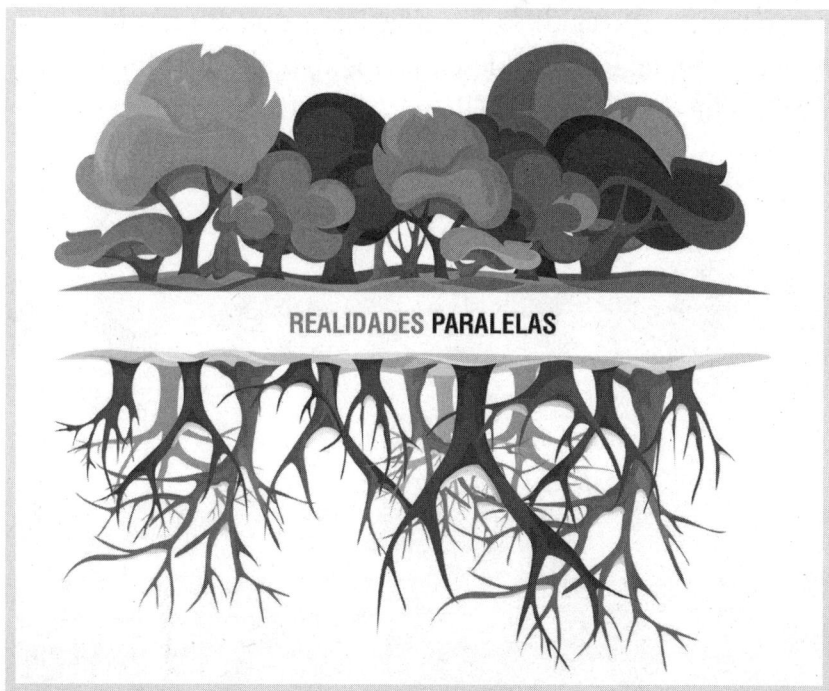

REALIDADES PARALELAS

tación consciente, se contempla como si uno conociera esa misma realidad por primera vez. Es en ese momento en el que el objeto contemplado deja de ser algo que está fuera de nosotros y lo vemos como parte de una unidad de la que el observador también forma parte. Tal vez por eso William Blake decía: «Un necio no ve el mismo árbol que un hombre sabio».

Para Blake era nuestra imaginación, la cual depende fundamentalmente del hemisferio derecho del cerebro, la que nos permitiría acceder a las realidades que están más allá de nuestros sentidos. No hablamos de la imaginación como algo pasivo que describiría lo que los sentidos no son capaces de ver, sino como una facultad humana que tendría la capacidad también de crear eso que imagina. Residiría así en la imaginación humana la capacidad de manifestar en el mundo físico y temporal nuevas realidades. La tarea, por consiguiente, no se limitaría a formarnos una imagen de un mundo terminado, sino que colaboraríamos a través de la imaginación a que el mundo adquiriera existencia. Primero desearíamos algo, después imaginaríamos lo que deseamos y, finalmente, lo crearíamos.

32
TODA SEPARACIÓN ES UNA ILUSIÓN

Mientras que desde la lógica que maneja el hemisferio cerebral izquierdo el observador observa pasivamente lo observado o como mucho puede hacer una disección, analizarlo y medirlo, solo desde una lógica más amplia, el observador influye en lo observado. Esto es algo de lo que habla ampliamente la física cuántica. De hecho, uno de los más grandes pioneros en este campo, el físico danés Niels Bohr, ganador del Premio Nobel de Física en 1922, justo un año después de que Albert Einstein hubiera obtenido el mismo galardón, dijo de una manera muy elocuente: «Hay dos tipos de verdad, la superficial y la profunda. En la superficial, lo opuesto a una proposición verdadera, es falso; en la profunda, lo opuesto a una proposición verdadera, es igualmente verdadero».

Bienvenido al mundo de la paradoja en el que la mente racional se siente confusa y perdida. Solo una expansión de la consciencia, una integración de los sistemas operativos de los dos hemisferios permite ver en el mismo árbol dos realidades distintas y a su vez complementarias. Por una parte vemos el aspecto superficial del árbol, su tronco, sus ramas, sus hojas, y por otro, vemos su lado profundo, su alma, que no es solo el alma del árbol, sino la del mundo. La mirada del hemisferio cerebral izquierdo permite ver un árbol separado de mí. El árbol está en un sitio y yo en otro. El árbol pertenece al reino vegetal y yo al animal. El árbol no piensa y yo sí. Sin embargo, la mirada del hemisferio derecho es mucho más profunda que la del lado izquierdo y por eso no se queda en el aspecto superficial. En esa verdad profunda de la que hablaba Bohr, «yo soy también ese árbol». Los límites que nos separaban se han desvanecido y ahora solo existe una unidad en la que el observador y lo observado son una misma cosa, consciencia.

Imaginemos lo rompedor que es esto para las mentalidades tan racionales y empíricas que solo consideran existente aquello que se puede medir y pesar. Hay una clara diferencia entre lo que buscamos ver y lo que se deja ver, entre el conocimiento y la revelación.

> El conocimiento científico es la puerta de entrada a la realidad, pero nada más. El error que cometemos es querer ver la parte como si fuera el todo, en lugar de ver el todo conteniendo la parte.

Este es el gran drama, que hemos desterrado de nuestra vida un sentido de lo espiritual, lo numinoso, lo sagrado. Eso a lo que se conoce como Misterio.

Esta visión del hemisferio derecho del cerebro es percibida como una locura por el otro hemisferio. Donde el hemisferio izquierdo solo ve un dentro y un fuera, el derecho ve una unidad. Si no vemos las cosas desde esta perspectiva es porque los

LAS MÚLTIPLES DIMENSIONES DE LA REALIDAD

sistemas operativos de ambos hemisferios no están integrados y es el del hemisferio cerebral izquierdo el que domina. Por eso, si el hemisferio izquierdo tiene una determinada forma de afrontar las situaciones, el derecho tiene una manera completamente distinta de hacerlo, muchos menos estereotipada y mucho más creativa. El doctor Sperry, junto con el doctor Gazzaniga y otros miembros del equipo, descubrieron que tenemos estos dos sistemas operativos tan diferentes, observaron que a la hora de elegir entre dos opciones, también ambos hemisferios elegían alternativas completamente diferentes. A todo esto tenemos que añadir la manera en la que culturalmente se nos ha enseñado a mirar y, por consiguiente, lo que somos capaces de llegar a observar. En una sociedad que por unas razones u otras se ha vuelto tan materialista y se ha desentendido de la dimensión espiritual, hemos perdido el encanto de conectar con esa visión más profunda de las cosas. Charles Darwin lo expresaba de una manera muy elocuente. Él era una persona a la que cuando era joven le encantaba la literatura, la poesía, la pintura y la música y, sin embargo, llegó un momento en su vida en que fue incapaz de experimentar las sensaciones de las que antes tanto había disfrutado: «Mi mente parece haberse convertido en una especie de máquina que extrae leyes generales a partir de cantidades de datos. Me resulta imposible comprender por qué esto tendría que haber provocado una atrofia en esa parte del cerebro de la que dependen los gustos más elevados». Y añadía refiriéndose a la pérdida del gusto por el arte en sus distintas manifestaciones: «La pérdida de estas aficiones supone una pérdida de felicidad, y puede que posiblemente sea dañino para el intelecto, y más seguramente para el carácter moral, pues debilita la parte emocional de la naturaleza».

Resulta impresionante este comentario de Darwin, sobre todo en una época en la que no se conocían muchas de las cosas que hoy sí se saben con relación al funcionamiento del cerebro. En efecto, es el hemisferio derecho el que conecta con el mundo del arte en sus distintas formas, generando sensaciones y emociones. Da la impresión de que la falta de cultivo de este gusto por el arte y su dedicación tan absoluta al registro y análisis de datos hizo que un hombre como Darwin, tan reconocido en el campo de la ciencia, sintiera una profunda melancolía por esa «tierra perdida». No cabe duda de que la deducción lógica y la explicación científica tienen un incuestionable valor y, sin embargo, hay otros elementos, tal vez no tan utilitarios y que, sin embargo, resuenan mucho más en nuestra alma. En el alma de Darwin algo se había apagado y él añoraba profundamente esa presencia que, cuando era más joven, le había hecho sentirse más vivo. De tanto enfocarse en el mundo exterior, da la sensación de que Darwin se olvidó de seguir recorriendo la senda hacia el interior. La literatura, la música, la pintura, la danza o la escultura se convierten así en un reflejo de lo más elevado y nos permiten, utilizando los sentidos, captar realidades que están más allá de ellos. Ya hemos dejado de ver con los ojos y empezamos a ver a través de ellos. Ya hemos dejado de oír con nuestros oídos y empezamos a oír a través de ellos. Por eso, probablemente, pintores como Van Gogh sentían tal júbilo cuando miraban la naturaleza no con sus ojos, sino a través de ellos.

Como hemos comentado, para Albert Einstein la gran obra de arte era la luz y, dedicó gran parte de su vida a estudiarla. Para él la luz era aquello que, estando en el plano físico, más nos acercaba al mundo del espíritu.

33
LAS DOS CARAS DE UNA MISMA MONEDA

A lo largo de la historia se ven claramente reflejadas las dos dimensiones de la realidad. Por ejemplo, en los jeroglíficos egipcios se describe por una parte un mundo material y temporal de dinastías y faraones, de grandes batallas y extraordinarias conquistas. Por otra, se habla de un mundo sutil, inmaterial, atemporal y espiritual. También en las pinturas rupestres se ven unos animales toscamente dibujados y, sin embargo, parece ser que esas pinturas formaban parte de unos ritos que daban valor a los guerreros, los cuales entraban en un estado de trance antes de la cacería.

El mundo de los fenómenos físicos, la fenomenología, está conectado al hemisferio izquierdo del cerebro, mientras que el mundo de lo metafísico, de lo ontológico, nos habla de una realidad que existe más allá de lo que nuestros cinco sentidos pueden captar.

PINTURAS **RUPESTRES**

Lo que pasa es que dicha realidad muchas veces se encuentra más allá de los límites de lo que se puede expresar. Es importante unificar los dos sistemas operativos, el del hemisferio izquierdo del cerebro y el del derecho. Si conseguimos integrar la perspectiva material que aporta el hemisferio izquierdo con la perspectiva espiritual del hemisferio derecho, nuestra vida puede tomar otra dimensión, otro alcance, un nuevo sentido. Este proceso, al que se le conoce en las distintas tradiciones espirituales como «iluminación», «despertar», «satori» o «gracia divina», sucede cuando la autoconsciencia propia del hemisferio izquierdo del cerebro consigue reconocer plenamente e integrar la consciencia no autoconsciente del hemisferio derecho.

Debido al extraordinario prestigio del que goza la ciencia y el racionalismo, todo aquello que habla de realidades más profundas y menos tangibles es contemplado con sospecha e incluso desdén. Han hecho falta personas de la talla de Proust, Rilke, Goethe y Blake en la literatura, de científicos como Einstein, Bohr o Bohm, de místicos como santa Teresa de Ávila o san Juan de la Cruz, de filósofos como Platón, Plotino, Pascal o Kierkegaard para ilustrarnos acerca de la relevancia de conectar con esas realidades que se pueden experimentar y que, sin embargo, son difíciles de describir.

Hablamos de seres humanos que han percibido en lo temporal y terrenal el eco de lo eterno. Ellos se han dado cuenta de que hay un fondo detrás de todas y cada una de las formas. Hoy, y lamentablemente, hasta lo sagrado solo se considera digno de respeto si va envuelto en ciencia. En esto el actual dalai lama ha mostrado una gran habilidad al fomentar el diálogo entre la ciencia y la espiritualidad. Se trata simplemente de que hay una forma más inteligente y profunda de leer las cosas que las que nos muestra la limitada razón. Por eso, tiene tanta importancia que se enseñe a apreciar el arte en los colegios, las universidades y la sociedad en general.

> El arte nos pone en contacto con esa realidad que está más allá del mundo material. El arte nos abre al mundo de la contemplación y nos permite desarrollar el gusto por la belleza. El arte es muy útil para vivir, aunque no tenga un componente utilitario.

No hablamos solo de describir la obra de arte, algo propio del hemisferio izquierdo del cerebro, sino de aprender a contemplarla y esperar a que ella misma nos hable.

Hace años hice un programa organizado por los doctores Howard Gardner y David Perkins de la facultad de Educación Superior de Harvard. Uno de los días nos fuimos con Perkins al museo de arte de dicha universidad. Después de pasar una hora recorriéndolo, David nos reunió para decirnos que eligiéramos uno de los cuadros y que lo hiciéramos muy cuidadosamente porque íbamos a estar varias horas delante de él. Yo escogí un precioso paisaje de las Montañas Rocosas pintado por Albert Bierstadt.

Perkins nos dijo que cogiéramos una silla y que nos sentáramos frente al cuadro comprometiéndonos a solo levantarnos para ir al baño. Las dos primeras horas se me hicieron eternas y, sin embargo, en la tercera algo cambió, como si la relación que yo tenía con el cuadro empezara a ser diferente. A partir de ese momento comencé a sentir una emoción difícil de describir. Después de esta experiencia tan sorprendente David Perkins nos volvió a reunir para conocer qué nos había parecido. Jamás lo olvidaré, había gente llorando. Fue entonces cuando entendí que no es para nada similar la descripción de un cuadro o de una flor, que la contemplación de ese cuadro o de esa flor. Se aprecian y se perciben cosas muy distintas. No podemos definir lo indefinible, lo que sí se puede es experimentarlo. La descripción del cuadro de Bierstadt, de quién era el pintor y de lo que estaba representando me habría aportado la visión de una naturaleza alejada en el tiempo y el espacio, mientras que la contemplación de aquel cuadro me hizo percibir una naturaleza cercana y viva.

> Recordemos que el verdadero arte, sea literatura, música, pintura, escultura o danza, nos conmueve porque nos conecta con la dimensión espiritual de la existencia.

34
Aprender a contemplar

No cabe duda de que disfrutar con la contemplación de una obra de arte puede parecer que es una pérdida de tiempo. Sin embargo, yo, personalmente, he encontrado momentos de excepcional claridad, inspiración, paz y serenidad cuando me he acercado al arte en sus distintas formas. Por eso, es tan importante educarnos en la contemplación, para ser así capaces de conocer un mundo con el que no estamos familiarizados y que es ese que se encuentra más allá de la razón. ¡Qué importante es explorar nuevas formas de percibir! Necesitamos esa consciencia ligada al hemisferio derecho que nos permite ir más allá del mundo dualista y que nos ayuda a descubrir la unidad inherente en todas las cosas. Esta consciencia experimenta el mundo de una forma poética, simbólica y trascendente, accediendo a una realidad suprasensorial y trascendental que se encuentra más allá de la mera abstracción. Esto permite a esta consciencia tener una comprensión inmediata de la dimensión íntima de las cosas, no de la aparente. Es precisamente el lenguaje metafórico, simbólico y poético el que hace referencia a un conocimiento que no puede limitarse a una mera descripción, a una mera abstracción de los distintos elementos que conforman la realidad. Hablamos de un aspecto de la realidad que no es para nada obvio y que muy pocas personas han sido capaces de alcanzar.

> Hay símbolos, metáforas y poesías que tocan esas «cuerdas misteriosas» que hay dentro de cada corazón humano.

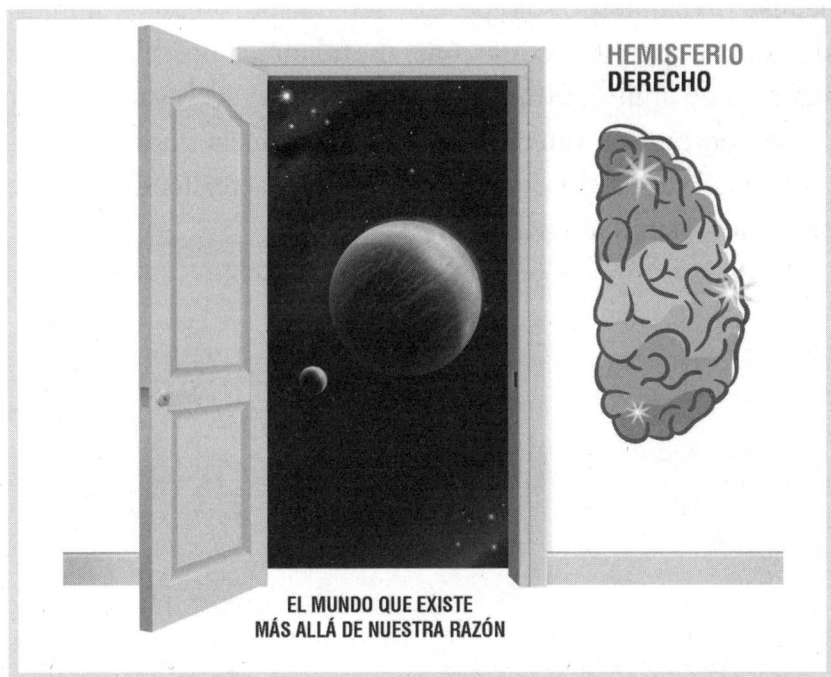

HEMISFERIO DERECHO

EL MUNDO QUE EXISTE MÁS ALLÁ DE NUESTRA RAZÓN

Hay un momento en que la consciencia ligada al hemisferio cerebral izquierdo logra entender racionalmente lo que la metáfora, el símbolo o la poesía están transmitiendo. Ese es el instante en el que se produce lo que se denomina *fenómeno Eureka*. Cuando se desprecia el valor del mito, del símbolo o de la metáfora, y se considera como ignorantes a esas tribus ancestrales y a esas culturas que han florecido alrededor de los mismos, se está despreciando la profunda sabiduría de aquellas personas que supieron entender la realidad desde otra perspectiva. Cuando solo se aprecia el valor del logos, de la razón, nos perdemos acceder a ese mundo que simplemente la supera. Es la consciencia ligada al hemisferio derecho la que nos permite conectar con la naturaleza mágica de la realidad. Aunque parezca mentira, el hemisferio cerebral izquierdo nos deshumaniza, mientras que el derecho hace lo opuesto. Mientras que el hemisferio izquierdo solo percibe separación, escasez y límites, el derecho percibe conexión, abundancia, posibilidades y ausencia de límites. Gracias al hemisferio derecho vamos apreciando un mundo diferente del que se aprecia desde la perspectiva del izquierdo y que es, tristemente, la realidad en la que de manera habitual vivimos atrapados.

35
NUESTRO NIÑO INTERIOR

Hace años visité en Cleveland, en los Estados Unidos, un museo de ciencias naturales en el que había una sección, como si fuera una loncha, de una gigantesca secuoya, uno de los árboles más grandes y altos que existen en el planeta. Todos sabemos que la edad de un árbol se puede conocer al contar sus anillos. Cuando el árbol tiene cientos de años, todavía se ven los primeros anillos que nos recuerdan a ese pequeño arbolito que inicialmente fue. Hay veces que incluso se ven grietas en esa sección del árbol y que comienzan en los primeros anillos y se extienden hasta los últimos. Nosotros somos de alguna manera como esa sección de la secuoya y las experiencias que vivimos de niños todavía están presentes en nosotros cuando ya somos adultos. Aquellas heridas, aquellos traumas emocionales que vivimos se extienden hasta la actualidad como lo hacían las grietas en aquel árbol.

Saber esto nos permite entender muchas de aquellas reacciones que nos pueden generar a nosotros y a otras personas un

gran sufrimiento. Obviamente, esos primeros anillos que corresponden a la niñez están escondidos y ocultos en un mundo inconsciente que se sustenta en el hipotálamo, en el sistema límbico y en el hemisferio derecho del cerebro. Por eso, no son fácilmente accesibles a la consciencia del hemisferio cerebral izquierdo. En ese niño interior representado por los primeros anillos del árbol siguen existiendo sentimientos muy dolorosos que no han sido expresados y, necesidades que tampoco han sido cubiertas. Ahí nos podemos encontrar con una vivencia de intensa frustración y con emociones como la ira, la soledad, la tristeza, los celos, el miedo, la impotencia o la desesperanza. Ahí también van a hallarse esos profundos anhelos que nunca se renuncia a verlos satisfechos.

El niño interior es un ser muy emocional y muy poco racional. Hay que tener en cuenta que las estructuras cerebrales que están más desarrolladas en la infancia y en la niñez son el hipotálamo, el sistema límbico y el hemisferio derecho del cerebro.

> En la época infantil, el hemisferio cerebral izquierdo, que es la base de la autoconsciencia, no ha madurado suficientemente. Por eso, la labor que este hemisferio hace a la hora de llevar a cabo interpretaciones de lo que nos sucede, todavía no es eficiente.

Nuestro niño interior habita en las profundidades del inconsciente y tiene un enorme impacto a dos niveles. El primero de ellos es cómo se ve uno a sí mismo —autoconcepto— y el segundo, es cómo uno se valora de acuerdo a eso que ve —autoestima —.

Hay algo de excepcional importancia que hay que tener en cuenta cuando nos referimos a nuestro niño interior y es lo siguiente: cuando a un niño le ha faltado contacto físico y afectivo o, incluso, cuando ha sido maltratado física o emocionalmente, lejos de considerar que el problema está en aquellas personas que teniendo la responsabilidad de cuidarle, no lo han hecho, considera que el problema está en él. Si no le quieren es porque hay algo en él que está mal y que, por tanto, es el causante de dicho trato. Imaginemos la distorsión que esto implica, ya que niños que se han criado en hogares donde alguno de los padres o familiares cercanos padecían una psicopatía, lejos de reconocer en dichas personas una enfermedad, atribuían los maltratos a su propia condición defectuosa.

36
¿Por qué me han abandonado?

Los seres humanos somos los únicos miembros del reino animal que precisan para valerse por sí solos de un tiempo excepcionalmente largo. Para un niño que esto intuitivamente lo sabe, sus padres son todo su mundo y, por tanto, busca crear con ellos un vínculo afectivo sea como sea. Por recibir atención, por ser «visto», por tener contacto físico, el niño se arriesgará a recibir incluso palizas. A crear dicho vínculo muchas personas ya no renunciarán durante el resto de sus días.

Uno de los traumas emocionales más frecuentes de ver en el niño interior y que dará lugar al niño herido es la sensación de abandono. Cuando un pequeño se siente rechazado, abandonado o repudiado, genera una profunda herida que, al igual que en aquel árbol del que hablamos, se extiende desde los primeros anillos —infancia— hasta los últimos —madurez—, pasando por los medios —niñez y adolescencia—. Esto puede dar lugar a patrones de conducta característicos y que reflejan una intensa ira contra uno mismo —por «merecer ser abandonado»— o contra los demás —por haberle abandonado—. Inconscientemente, este ser humano, sea en la época infantil, en la niñez, en la adolescencia o en la edad adulta, se hará la misma pregunta: ¿qué hay de malo en mí para que me abandonen, para que me repudien, para que no me quieran?

En este sentido es importante señalar que en la época infantil, el fallecimiento de uno de los padres puede ser vivido como un abandono por más que esto, indudablemente, no haya sido así.

Otro elemento a tener en cuenta es que debido al hecho de que el niño se siente mal por la falta de cariño que percibe, también empieza a asociar ese sentirse mal con el ser malo e inadecuado. Es algo así como pensar que «como soy malo e inadecuado, lo normal, lo lógico, lo esperado, es que me sienta mal». Este sentirse mal por ser quien es —«malo, inadecuado»— conforma su pobre autoestima. Ese mismo niño, a medida que vaya evolucionando a adulto, seguirá considerando como familiar el sentirse mal y, si por alguna razón se sintiera bien, esto generaría una profunda ansiedad porque «él no merece», a «él no le corresponde sentirse bien». El niño, el adolescente, el adulto preferirá sentirse mal porque es un sentimiento que le es familiar. Para él, para ella, sentirse bien es algo extraño y desconocido y, por tanto, puede generarle una gran ansiedad.

Cuando el hemisferio cerebral izquierdo se ha desarrollado suficientemente a base de trabajo interior, el niño, el adolescente y el adulto pueden empezar a interpretar ese sentirse mal de una forma diferente y, comprender que ¡claro, que merecen sentirse bien porque no son ni defectuosos ni indignos de ser amados! De esta manera y bajo dicha nueva interpretación, las heridas pueden ir sanando.

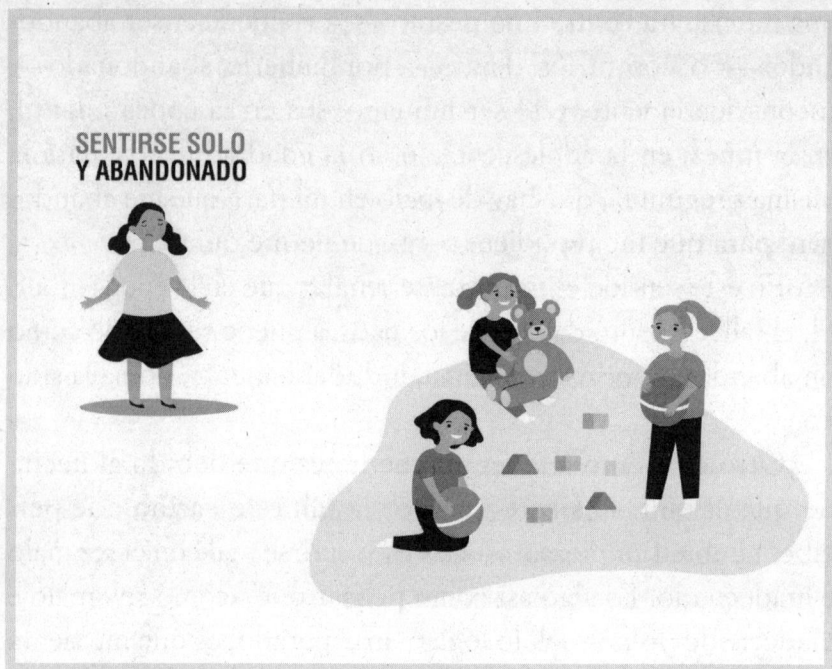

Sin embargo, en un gran número de personas y debido a que el hemisferio cerebral izquierdo ha de interpretar ese malestar de una forma creíble, aunque no sea cierta, este hemisferio acaba reforzando esa autoimagen, ese autoconcepto deteriorado que el niño se formó cuando era todavía un ser profundamente emocional y escasamente racional.

Dado el poder que tiene la autoconsciencia ligada al hemisferio cerebral izquierdo de hacer nuevas interpretaciones, si tuviéramos acceso a esos primeros recuerdos infantiles y poder así reinterpretarlos —«no eres un ser defectuoso, sino que aquella persona que te maltrató tenía un serio problema mental»—, transformaríamos por completo tanto el autoconcepto como la autoestima de esa persona. De ahí la gran relevancia que tiene el poder acceder con la autoconsciencia a ese mundo inconsciente en el que se encuentra el niño herido. Lo que ocurre es que el camino para llegar a lugares tan profundos del inconsciente es tortuoso y requiere de mapas muy precisos para moverse por territorios tan desconocidos.

Además, y a través del proceso educativo, que también es un proceso de condicionamiento mental fomentado por la cultura, muchos niños se dan cuenta de que su forma de ser no es adecuada y que, por tanto, han de suprimir ciertos aspectos para que puedan ser aceptados y amados. De algún modo, el mensaje que ellos reciben e integran es el siguiente: «Hay algo defectuoso en ti y por consiguiente tienes que convertirte en quien no eres para que así nosotros podamos llegar a quererte».

Es esencial en estos momentos hacer una aclaración sumamente relevante.

> Es lógico que los niños tengan que aprender poco a poco ciertas normas y reglas para vivir en sociedad de una manera pacífica y amigable. Sin embargo, existe una enorme diferencia entre lo que uno hace y lo que uno es.

Cuando los adultos no sabemos ver esta diferencia, no esperemos que los niños la vean. Una cosa es decirle a un niño que se ha portado muy mal, a transmitirle de alguna manera que ha sido malo o que es malo. Si el niño percibe que el adulto le quiere menos cuando no se ha portado bien y dado que el vínculo afectivo es para ese niño lo más importante que existe en el mundo, hará lo que sea para convertirse en alguien «digno de ser querido».

37
EL CONDICIONAMIENTO SOCIAL
QUE NOS MOLDEA

El condicionamiento social nos ayuda para vivir en sociedad y, sin embargo, favorece en muchas ocasiones que desarrollemos un pobre autoconcepto —«yo no soy bueno»— y una baja autoestima —«yo no puedo sentirme bien porque no soy bueno»—. De las cosas más dolorosas que puede experimentar un niño es sentir cómo sus padres le retiran su amor si no es como «tiene que ser» y que, obviamente, no es como él es. El pequeño aspira a recibir un amor incondicional y lo que ve es que el amor es un «trueque», en el que a uno solo se le quiere si se comporta de una manera determinada. Desde mi punto de vista, el verdadero «pecado original» no es que tengamos en nuestro origen la semilla de la maldad, sino que al desconectar de nuestra fuente, del universo que nos creó, también nos hemos olvidado de lo que es el amor incondicional, de ese que ama por quién se es y no por cómo se es.

> Solo el amor incondicional sana hasta los traumas más profundos que puedan existir en ese niño herido.

Muchos de los sentimientos que tenemos de adulto tienen por ello su origen en esos primeros anillos del árbol que representan a nuestro niño interior. Entre dichos sentimientos podemos destacar:

— Sentimientos de abandono y soledad causantes de una profunda tristeza y de un intenso miedo.
— Ira contra las figuras paternas por no darnos lo que tanto anhelamos y necesitamos.
— Ira contra uno mismo por no ser como debería de ser.
— Sentimientos de culpa por sentir ira contra los padres.
— Sentimientos de vergüenza por ser quien se es.

Los padres, muchas veces, de forma inadvertida, no mandan el mensaje de que una determinada conducta es inadecuada, sino de que el niño, la niña, son problemáticos. Esto cala profundamente en el sistema límbico y en el hemisferio derecho del cerebro. Recordemos que ambas estructuras son muy hábiles a la hora de captar el lenguaje no verbal.

Recuerdo cuando hace muchos años, en un programa de formación que estaba haciendo en Los Ángeles, uno de los participantes, un psicoterapeuta, sacó a flote una enorme herida que había estado oculta durante muchos años y que se vio hasta qué punto había influido en su vida. En un momento, sin duda de gran presión, su padre le había dicho cuando él era tan solo un niño que «ojalá no hubiera nacido». Estoy seguro de que el padre no sentía lo que decía y, sin embargo, el impacto en aquel ser humano seguía siendo muy profundo a pesar de los

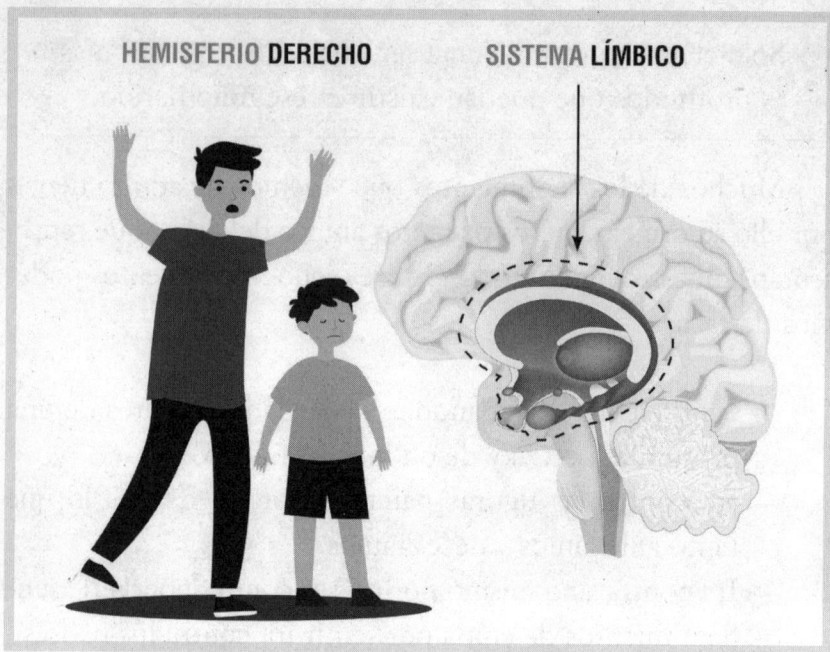

HEMISFERIO **DERECHO**   SISTEMA **LÍMBICO**

años transcurridos. Hay incluso veces en las que, aunque no se verbalicen mensajes de este tipo, sí se expresan a través del lenguaje no verbal. Uno puede pensar que el niño no es capaz de leer este lenguaje y, sin embargo, es un verdadero experto en ello.

38
LOS NIÑOS TAMBIÉN NECESITAN AUTONOMÍA

Otro elemento que los padres podemos descuidar es el no fomentar la autonomía de nuestros hijos. A veces, se minusvalora los comentarios de los niños y se les dice:

—Cuando seas mayor ya lo entenderás, ahora eres demasiado pequeño para comprenderlo.

Además, se les fuerza a hacer ciertas cosas sin tener en cuenta su sentir. Los niños tienen que aprender normas y el «ordeno y mando» no suele ser la mejor estrategia para que las aprendan sin hacer con ello mella en su autoconcepto y su sentido de autonomía. Uno de mis hijos, cuando era muy pequeño, me preguntaba:

—¿Papá, por qué en la calle o cuando entramos en una tienda solo os prestan atención a los padres y a los niños parece que nos ignoran?

En un momento que es clave en el desarrollo del autoconcepto y de la autoestima, el niño no deja de recibir mensajes tipo:

— Eres pequeño y no entiendes.

— Eres pequeño y no puedes.

— Eres pequeño y tu opinión no cuenta.

— Eres pequeño y te vas a hacer daño.

— Eres incapaz de hacer nada sin mi ayuda.

Yo, como padre, sé lo fácil que es mandar estos mensajes porque son los mismos que en muchos casos también recibimos nosotros cuando teníamos su edad. Sin embargo, al oírlos una y otra vez, el niño se va convenciendo de que es insuficiente y también de que es insignificante.

> Muchos adultos se pasan la vida buscando cómo ganar significancia, importancia, estatus y, se obsesionan por mostrar a todas horas quién es el que decide y quién es el que manda. En el fondo, esta conducta no es si no una estrategia para no sentirse ni tan insuficientes ni tan insignificantes.

Lo que ocurre es que dicha estrategia solo cubre en parte esa necesidad encubierta de sentirse suficiente, de sentirse capaz y, además, se suele pagar un alto precio por ella.

Si conectamos ahora estas dos necesidades imperiosas del niño —la de sentirse querido y la de sentirse competente—, no nos ha de extrañar que muchas personas se obsesionen por mostrar lo mucho que controlan y lo mucho que saben, porque así tal vez las valoren más y se sientan por fin queridas. Como suele decirse «esto es pan para hoy y hambre para mañana».

Algo que debemos tener muy presente para entender la conducta del adulto es que, a pesar de que hayan podido pasar muchos años, seguirá existiendo, aunque sea de modo inconsciente, una conexión profunda con ese niño interior que ha

EL NIÑO NECESITA SENTIRSE COMPETENTE Y CAPAZ

podido sentirse no lo suficientemente querido, valorado y auto-suficiente. Como es lógico, en la generación de estos sentimientos no solo tienen que ver los padres, los hermanos y otros miembros que convivan en la familia, también sus profesores, amigos y compañeros de colegio.

Dos grandes conductas pueden emerger en el niño como consecuencia de tener dichas experiencias. Una de ellas es la rebelión. En este tipo de conducta «la herida se convierte en el motor». Habrá una clara obsesión en mostrar que sí vale, que sí es capaz, que su opinión cuenta, y esto puede hacer que se convierta en una persona profesional y socialmente «importante» y reconocida por los demás. Sin embargo, hay otra clase de conducta muy diferente y que consiste en tomar una actitud sumisa ante todo y ante todos. La persona se ha resignado a su supuesta «inferioridad» y no lucha para mostrar que sí es capaz y que su opinión sí vale.

Recuerdo la fantástica película *Marnie, la ladrona,* dirigida por Alfred Hitchcock y protagonizada por Tippi Hedren y Sean Connery. Marnie es una mujer perseguida por los fantasmas del pasado que se ha convertido en una experta ladrona. Algo pasó cuando ella era niña que la marcó de forma muy profunda y que ella no recuerda. Su madre, que vive en un pequeño pueblo, no parece sentir mucho afecto por su hija. Hay una escena en la que Marnie la visita y esta le está cepillando el pelo a la hija de unos vecinos. Ella añora que su madre trate con tanta ternura a esa niña y que, sin embargo, a su propia hija, a ella, la trate de una forma tan fría y distante. Todos los esfuerzos que hace y la principal razón por la que roba es para comprarle cosas a su madre en un intento de ganarse ese amor que ella no le expresa. De alguna manera, Marnie, una mujer ya adulta, sigue volviendo una y otra vez al mismo sitio porque no pierde la esperanza de sentirse querida.

39
¿Quién soy yo?

El niño poco a poco aprende a saber quién es, viendo cómo es tratado. Si se siente abandonado o incluso repudiado, puede llegar a pensar que él es el causante del comportamiento de sus padres, incluso de las peleas entre ellos. Ni se plantea que las conductas inadecuadas que hay en la pareja, en sus padres, pueden no tener nada que ver con él y sí con algo que tiene que ver con ellos. Tremenda paradoja esta en la que un ser humano aprende a verse y a percibirse de una manera tan distorsionada. Esa voz parental la seguimos escuchando cuando somos adultos y tiene la capacidad de hacernos sentir como cuando éramos niños. Esa voz parental y que incluye no solo a los padres, sino a otras personas con las que ha convivido el pequeño durante su infancia y niñez, ha quedado grabada en el mundo preverbal del hipotálamo, del sistema límbico y del hemisferio cerebral derecho y, por consiguiente, fuera del alcance de la autoconsciencia ligada al hemisferio izquierdo. A esta voz parental, que está cargada de imágenes, sentimientos y sensaciones, es lo que se conoce como el ego parental y que forma parte de esa conversación interior, de esa rumiación que nos afecta tanto y que puede llegar a limitarnos de un modo tan importante. Una vez más es clave recalcar que cuando hablamos del ego parental, hablamos de una influencia no solo de padres, sino también de familiares, cuidadores, amigos, profesores y compañeros de colegio que, de alguna manera, tuvieron un impacto en la generación de ese autoconcepto cuando se era pequeño.

El ego parental, al igual que el niño que fuimos en esos primeros «anillos del árbol», puede hacer que de adultos tomemos una posición sumisa-agresiva. La sumisión refleja aquella rebeldía que no era tolerada cuando éramos niños. Nuestra

agresión está dirigida a aquellos que no nos permitían tener nuestra propia voz o incluso contra nosotros mismos por aspirar a tenerla.

Nos podemos encontrar con esta situación paradójica en la que el adulto, movido por fuerzas inconscientes, busca entornos en los que tampoco se le permita expresar lo que siente y lo que necesita. Digamos que lo que aportan estos entornos es que le resultan familiares porque ya los vivió de pequeño y, además, le ofrecen tal vez la posibilidad de transformar esa historia. No deja de sorprender que con tal de volver a lo que le es familiar, un ser humano esté dispuesto a revivir el dolor que sintió cuando era niño. Hablamos de adultos que aceptan ser tratados como cuando fueron niños y que ante figuras de «autoridad» se sienten inmediatamente empequeñecidos.

Cuando se activa en nosotros el ego parental, no solo podemos adoptar una posición sumisa, también la opuesta. De alguna manera, y en ciertos casos, nos identificamos con la forma de ser y de actuar de esas figuras parentales y podemos criticar y humillar a otros de igual modo que lo fuimos nosotros. Tratarse a uno mismo cuando se es adulto de la misma manera en la que uno fue tratado, o tratar a los demás como uno fue tratado se convierte así en las dos caras de una moneda, en las dos caras de un dolor no expresado y de un anhelo no cubierto.

En algunas ocasiones, cuando una de las figuras paternas mostró una gran dominancia y la otra una gran sumisión, el niño puede identificarse o con la primera o con la segunda. Si lo hace con la figura dominante tenderá a controlar, a dominar e incluso a avasallar a personas que no muestren fuerza de carácter. Si por el contrario se identifica con la otra figura paterna, podrá sentirse completamente incapaz de vivir de forma autónoma y se acostumbrará a necesitar ayuda para todo al no verse capaz de tomar sus propias decisiones.

Aquí radica la dificultad de cambiar ciertas formas de sentir y de actuar cuando somos adultos. Estamos tan apegados, tan atrapados por ese autoconcepto que se creó cuando éramos niños que ha llegado a convertirse en nuestra zona de confort. Decimos «yo soy así» en lugar de decir algo mucho más real y que es «yo me he hecho así».

> La zona de confort que más nos cuesta superar es precisamente ese autoconcepto, esa autoimagen que tenemos y que para nosotros corresponde a nuestra identidad, a quienes creemos que somos de verdad.

De ahí nuestra tendencia a rechazar todo aquello que no esté en consonancia con dicha representación mental. Es entonces cuando el hemisferio cerebral izquierdo —que es, como ya hemos visto, un maestro en la confabulación— crea una historia que explique ciertos éxitos y ciertas evidencias que contradicen un autoconcepto tan limitado y limitante. Es entonces cuando, para justificar ese insospechado éxito o esa sorprendente evidencia, nos decimos cosas tales como: «He tenido suerte», «Era más fácil de lo que parecía», «Es la excepción que confirma la regla»…

> La falta de indagación hace que no nos demos cuenta de algo que es bastante obvio y es, que la excepción no confirma la regla, sino que muy al contrario, lo que hace es desafiarla.

Aquel éxito insospechado y aquella sorprendente actuación valiente, inteligente o compasiva sobre lo que están llamando la atención es sobre la necesidad de revisar nuestro autoconcepto para poder expandirlo.

40
¿POR QUÉ NOS VEMOS COMO NOS VEMOS?

Otra de las cosas que aprendemos de las figuras de autoridad cuando somos niños, es a ser incoherentes. Los adultos con frecuencia decimos una cosa y hacemos la contraria, sin darnos cuenta de ello. Los niños, de manera inconsciente, van también integrando esta misma incoherencia. De alguna forma, «lo que hace una mano, no lo debe de saber la otra».

Dado que el hemisferio cerebral izquierdo tiene la capacidad de suprimir la información que le llega del lado derecho, la incoherencia en nuestro actuar no es aceptada por el hemisferio izquierdo y, por eso, nos mantenemos completamente ciegos a ella.

Cuando hablamos de autoconcepto, de autoimagen, necesitamos hablar de dos partes. Una está anclada en el ID, el sistema límbico y el hemisferio derecho del cerebro, y es la del niño y la del ego parental. La otra parte es la que el adulto tiene a nivel consciente. Ambas dimensiones del autoconcepto están

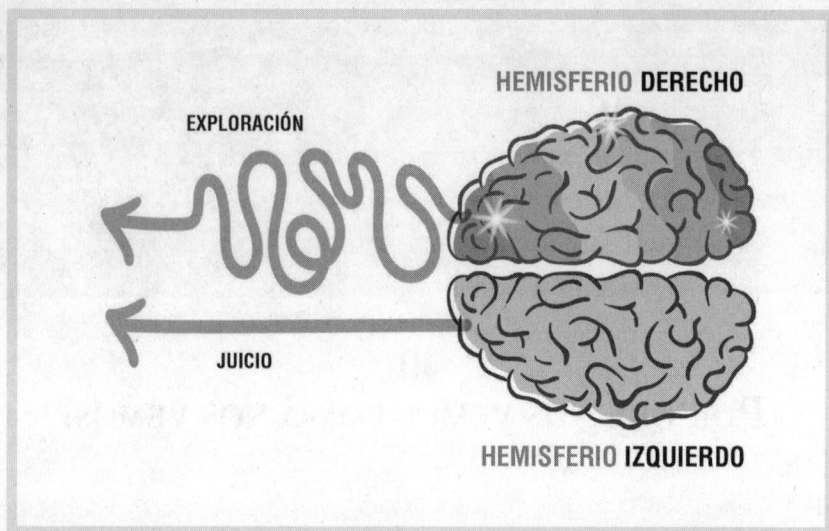

mantenidas fundamentalmente por los lóbulos frontales de los hemisferios cerebrales. Sin embargo, por más que se afane el izquierdo por mantener una determinada autoimagen, el ego inconsciente —autoimagen del niño y ego parental— sigue teniendo un enorme impacto. Por tanto, cuando hablamos del autoconcepto, en realidad estamos hablando de un conjunto de cosas diferentes y que en su conjunto construyen la autoimagen que uno tiene de sí mismo.

ID + niño inconsciente + ego parental inconsciente + ego adulto consciente = AUTOCONCEPTO

Hemos de saber que la narrativa que se genera desde el hemisferio cerebral izquierdo acerca de quiénes somos está muy influida por las sensaciones que le llegan del hemisferio derecho y del sistema límbico, a las cuales el hemisferio izquierdo añade sus propias interpretaciones. Si, por ejemplo, le llegan las sensaciones y los sentimientos propios del niño herido —«no sirvo, no valgo, no merezco ser amado»—, el hemisferio cerebral izquierdo, lejos de buscar comprender qué hay en el origen de esos sentimientos y de esas sensaciones, da por hecho que existe una verdadera incapacidad, una auténtica falta de valía.

> El «omnipotente» hemisferio izquierdo asume que su interpretación corresponde a la realidad. Sus interpretaciones se convierten en verdaderas creaciones narrativas.

El hemisferio izquierdo se convierte así en ese guionista que escribe el guion de una película en la que nosotros quedamos atrapados como personajes. Como este hemisferio desconoce que esto corresponde a una percepción que se tuvo siendo niño y no a una verdadera realidad, necesitará justificar esas sensaciones con ideas como «no soy los suficientemente válido, guapo, guapa, bueno, buena, capaz…». Esos ecos del inconsciente que llegan al consciente, lejos de provocar un interés y una curiosidad para conocer el verdadero origen de ellos —el trauma, la herida emocional—, le llevan a reforzar de una manera «lógica y racional» la razón por la que uno se siente como se siente. Sería algo como: «Abel, es normal que te sientas así, pequeño, insuficiente, inferior —este sentimiento proviene del sistema límbico y del hemisferio cerebral derecho— porque —esto lo añade el hemisferio izquierdo— no eres inteligente, no eres creativo, no eres bueno y ni siquiera eres atractivo y, por eso —esto también lo añade el mismo hemisferio—, tampoco tienes éxito en la vida ni podrás tenerlo jamás, ya que tú eres así».

Nos encontramos con un hemisferio cerebral, el izquierdo, que coge el camino fácil, el del juicio, y no el camino difícil y tortuoso de la exploración.

> Es más fácil juzgar a alguien como torpe, incompetente
> y malo que hacer un esfuerzo por entender de dónde
> viene esa torpeza, esa incompetencia y esa aparente
> maldad.

Me gusta recordar a Ben Carson, un niño «torpe», «incompetente» y «malo», que, sin embargo, acabó convirtiéndose en el mejor neurocirujano infantil del mundo. Esto fue posible porque, si bien la mayor parte de los profesores, ante las manifestaciones de torpeza, incompetencia y maldad consideraron que Ben era torpe, incompetente y malo, su madre y su profesor de Ciencias fueron capaces de ver más allá y de alguna manera sabían que lo que tenía era un pobre autoconcepto, una pobre autoimagen y, desde luego, una muy pobre autoestima. Cuando esas dos personas extraordinarias le ayudaron a mejorar su autoconcepto y su autoestima, también se liberó todo su potencial. Por eso, resulta clave que el hemisferio izquierdo disponga de una información más veraz para que pueda escribir un nuevo guion en el que el personaje experimente una forma mejor de ser y de estar en esa «nueva película» que será la siguiente etapa de su vida. La consciencia del hemisferio cerebral izquierdo ha de penetrar en el mundo del hemisferio derecho para conocer la realidad de lo sucedido y por qué se generó tal autoimagen cuando se era tan solo un niño. Dado que el hemisferio izquierdo es el que ocasiona esas certidumbres, ese sentimiento acerca de cómo soy yo, de cómo son los demás y de cómo es el mundo, será necesario desafiar dichas creencias para ampliar la visión que tenemos de nosotros mismos. No olvidemos que es el hemisferio izquierdo el que completa frases como:

— No consigo resultados porque… no soy capaz.
— No me valoran porque… no valgo.
— No puedo porque… no sirvo.

Todo lo que va detrás de la palabra «porque» es una pura invención del hemisferio izquierdo y, sin embargo, ya podemos intuir hasta qué punto afecta a nuestra trayectoria vital.

Por eso, cuando hablamos del yo, de nuestra identidad, no estamos haciendo referencia a quiénes somos en realidad, sino a la imagen verbal y no verbal con la que nos hemos identificado, y ambas se refuerzan mutuamente. Cuando se piensa que un niño es torpe, incompetente y malo, y se le trata de acuerdo a ello, lejos de ayudarle a mejorar, favorecemos que empeore. La imagen distorsionada que ese niño tiene y que está escondida en su inconsciente se refuerza a base de esos mensajes que recibe y que le hacen sentirse torpe, incompetente o malo. Cuando ese ser humano, sea niño, adolescente o adulto, se sienta impotente ante un determinado obstáculo, dará por hecho que dicho sentimiento de impotencia se justifica perfectamente porque él no es lo suficientemente inteligente y capaz para hacerle frente. Si lo que se siente es poco querido, lo justificará diciendo que es normal que se sienta así porque en el fondo no merece ser querido.

41
La autoimagen y el sufrimiento humano

Esta definición tan errónea del origen verdadero de un determinado sentimiento y de una conducta tiene un efecto muy negativo. Hace muchos años, los médicos, en el Renacimiento y también en épocas previas, pensaban que las enfermedades eran causadas por los «malos humores», sustancias tóxicas que viajaban por la sangre. Por eso, el remedio era practicar una sangría. Obviamente quien se curaba no lo hacía por la sangría. Hasta que no se descubrieron los gérmenes no se aplicaron mejores remedios terapéuticos. Si creemos que alguien, niño o adulto, es torpe, incapaz o malo porque así ha «salido de serie», aplicaremos un remedio terapéutico como la «sangría». Si entendemos que no hay nadie que «nazca de serie» torpe, incapaz o malo, intentaremos averiguar qué tipo de «germen», qué tipo de vivencia emocional está haciendo que se vea, que se sienta y que actúe como si para él no hubiera otra opción que ser torpe, incapaz o malo.

Ben Carson cambió su autoimagen cuando empezó a tener un inesperado éxito en el colegio, superando a todos sus compañeros. En el origen de este éxito como hemos visto estaba la figura de su madre y de su profesor de Ciencias. Dos personas que le trataron de una forma completamente diferente a como lo hacían el resto de sus compañeros e incluso la misma sociedad. No hemos de olvidar el hecho de que Carson era negro, en un momento en el que ser negro en los Estados Unidos se consideraba lo mismo que ser inferior.

Cuando incluso, siendo ya adultos, nos encontramos con alguien que cree en nosotros, que nos quiere, que nos valora, que nos desafía, que nos apoya y que nos acompaña, no porque nos manifestemos como listos, competentes o buenos, sino porque cree en nuestro potencial, algo muy profundo, nuestro autoconcepto, empieza a transformarse. Este es el poder brutal que tiene la sabiduría y la compasión. Este es el poder extraordinario que tiene la comprensión profunda y el verdadero amor, el amor incondicional.

Hay muchas personas que tratan a los demás como ellas fueron tratadas y muy pocas que los tratan como a ellas les hubiera gustado. Ya podemos imaginar cuáles son las que restan valor en la sociedad y las que lo añaden.

Hay gente que se queja de su «mala suerte» cuando acaba juntándose con las personas que menos le convienen. Es importante que comprendan que su hemisferio cerebral derecho está captando, sin que se sea consciente de ello, una serie de claves familiares. Este tipo de claves conectan al adulto con las personas con las que estuvo de niño y que de alguna manera tenían una forma de ser parecida a la de esa otra que acaba de conocer. Recordemos que el hemisferio derecho capta muy bien las

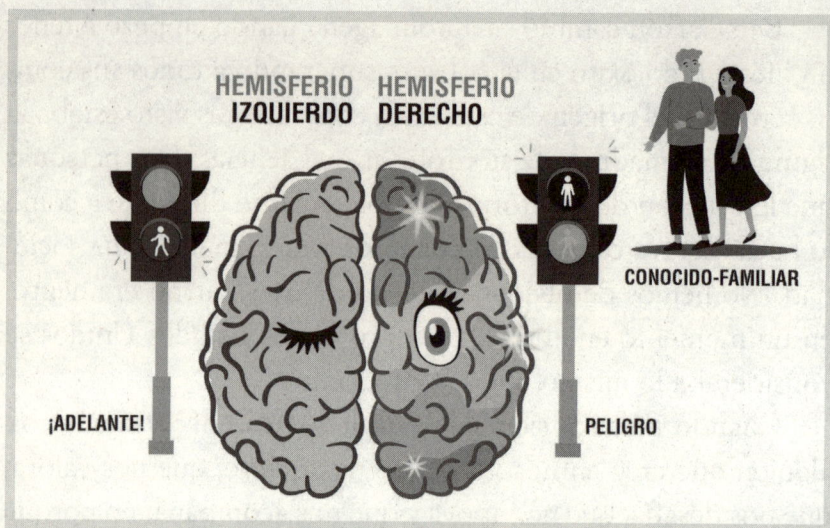

señales no verbales. El otro hemisferio cerebral, el izquierdo, es incapaz de leerlas. Por eso, o desoye su intuición que le está diciendo «ojo con esa persona», o se ve atraída por esa persona, ya que el hemisferio derecho busca lo familiar, aunque esté asociado a sufrimiento. Hay veces que se eligen personas lo más parecidas a esa figura que denominamos el ego parental, mientras que en otras ocasiones sucede lo contrario y se busca a personas que no se parezcan en nada y que aporten ese afecto y esa valoración que no se recibieron de niño.

42
DE MALTRATADO A MALTRATADOR

Una de las situaciones más duras que se pueden dar en la vida es cuando quien fue maltratado de pequeño se convierte de adolescente o de adulto en un maltratador. Esta es lo que puede suceder en un *bully*. Se trata de un niño, joven o adulto que busca a alguien al que obligarle de alguna manera a «empatizar» con esos sentimientos por los que él o ella están pasando o han pasado. Las víctimas ideales de estas personas son aquellos seres que, lejos de plantarse y marcar claramente sus límites, se «dejan» tratar con desconsideración y crueldad.

A veces ocurre justo lo contrario, y no es el ego parental el que elige a quién maltratar, sino el niño interior el que elige a alguien que le maltrate. De nuevo vemos cómo lo familiar, lo conocido y lo vivido adquiere más importancia que lo conveniente y, por eso, se acaba imponiendo.

DE MALTRATADO A MALTRATADOR

El adulto se siente atraído o repelido por un tipo de
personas y su hemisferio izquierdo tiende a malinterpretar
la verdadera razón por la que esto sucede. No olvidemos
que el ser humano elige con la emoción y justifica con la
razón el porqué de su elección.

El niño herido, el niño que se ha sentido privado de cariño
o de valoración por parte de personas que han tenido una relevancia en su vida, nunca pierde el anhelo de sentirse amado y de
que haya una segunda oportunidad. Una simple palabra amable
por parte de un maltratador o una maltratadora puede hacer que la
persona maltratada siga dándole una y otra vez una nueva oportunidad. Al dar esa oportunidad a otro, también se está dando a
sí misma una nueva oportunidad para sentirse querida.

Estas heridas infantiles no solo tienen gran impacto en la
elección de uno u otro tipo de persona, sino también en la elección de un ambiente, de un entorno.

A veces puede sorprender cómo adultos tienen reacciones de niño y se nos olvida que hay ciertos eventos que activan directamente nuestro niño interior. Por eso, nunca nos enfadamos por las razones que creemos. De hecho todos somos muy sensibles a cualquier palabra, cualquier tono, cualquier gesto, cualquier conducta que reactive el sentimiento de no ser querido, de no ser aceptado, de no ser valorado. Todos nos hemos sorprendido al ver cómo mostramos reacciones excesivas frente a cosas aparentemente triviales.

> La compasión es una virtud imponente, ya que lejos de aumentar el tamaño de la herida, ayuda a sanarla a base de conectar con su origen y no solo con su expresión iracunda.

Para alguien que de pequeño se ha sentido culpable, inferior y avergonzado, esta es la forma «normal» de percibirse y, por consiguiente, no puede aspirar a sentirse de ninguna otra manera. Esta es su zona de confort, el mundo afectivo que le corresponde y, por tanto, ejercerá, aunque sea de modo inconsciente, una resistencia a sentirse mejor, valioso y capaz. Recordemos una vez más que la zona de confort no hace referencia a ningún estado o situación cómoda, sino a aquello que toleramos porque nos es conocido y familiar.

> Quien se sintió despreciado de niño, puede tolerar que se le desprecie de adulto, pues para esa persona esa es la única realidad con la que está familiarizada.

En ocasiones, y por supuesto sin ser plenamente consciente de ello, el adulto busca formas para provocar el rechazo de otras personas y así tener más evidencias de que no merece ser querido. Así refuerza su autoconcepto, por falso que este pueda ser. Este tipo de autoconcepto genera muy poca autoestima y esto da lugar a sentimientos de ira, de rabia hacia uno mismo y también de profunda desesperanza al darse por hecho que esta situación no se puede cambiar. Se confunde el «ser así» con el «verse así».

Un adulto puede también comportarse con un grado de dependencia sorprendente porque cuando era niño sintió que por sí solo no podía resolver nada. Por eso son otros los que deben tomar las decisiones y decirle lo que tiene que hacer.

Hay muchas personas que ante figuras de autoridad, bien por el cargo que ocupan, bien por su aspecto o por su forma de hablar tan segura y contundente, adoptan una posición sumisa y anulan su propio criterio. No es raro que también exista una gran sensibilidad a la culpa y la persona se sienta responsable de cualquier cosa que pase a su alrededor y que tenga una connotación negativa. El sentimiento característico es «si no fuera por mí, esto no hubiera ocurrido». Es frecuente olvidarse de lo que se denominan *variables de confusión* y que no es otra cosa que la serie de factores ocultos que median entre una causa y un efecto.

Hay gente que al tener un pobre autoconcepto alberga sentimientos de tristeza que quedan de alguna manera «ahogados» en el enfado, en el resentimiento y en la rabia. Por eso, el verdadero potencial de ese niño, su verdadera naturaleza, la realidad de quién es, solo puede aflorar cuando se sanan esos sentimientos de tristeza, de soledad, de impotencia, de miedo y de desesperanza. Lo que ocurre es que para llegar a ellos, primero nos vamos a encontrar con otros como la ira, la rabia, el enfado, y que no van a hacer fácil que se pueda llegar a esos otros sentimientos en los que el ser humano se siente tan frágil y vulnerable.

43
EL TALENTO SECUESTRADO

Imaginemos la enorme tensión en la que vive alguien que quiere hacer realidad sus sueños y lograr sus objetivos, y, simultáneamente, está saboteando todos los esfuerzos para lograrlo. Es clave recordar que un pobre autoconcepto tiene secuestradas, encerradas, enormes capacidades y poderosos talentos que emergerán cuando ese autoconcepto se ajuste más a la realidad de la persona. De lo que se trata es de que cada ser humano se diga algo tan sencillo como: «Puede que tenga mis limitaciones y no sea perfecto y, sin embargo, merezco ser feliz y tener éxito en la vida porque soy una persona capaz y alguien que, sin duda, vale la pena».

Decía Freud que la depresión era fruto de la agresión vuelta contra uno mismo. Quien considera que tiene unas características inadmisibles no dudará en atacarse con absoluta dureza, incrementando sus sentimientos de culpa por lo que hace y de vergüenza por lo que es.

188

LO QUE ACEPTAS
TE TRANSFORMA

LO QUE NIEGAS
TE SOMETE

Cuando todo este mundo emocional hace erupción como si fuera un volcán, la persona vierte esa ira contenida como ardiente lava sobre otros seres humanos, haciéndoles partícipes de su sufrimiento. A este tipo de comunicación Marshall Rosenberg la denominó «comunicación suicida». La persona que «estalla» es una que ya no soporta más la presión interior a la que está sometida y que es lo mismo que ocurre cuando un volcán entra en erupción.

La persona que somete y tiraniza a otros proyecta en estos seres humanos su propia imagen cuando era un niño para, a su vez, activar a su ego parental y tratarles como él o ella se sintieron.

Sin embargo, es difícil que la persona que ha tenido una reacción violenta reconozca que el problema está en ella, ya que proyectará inconscientemente en otras lo que no quiere reconocer en sí misma. Es algo así como si «estalláramos» cuando alguien nos ha tocado con suavidad una mano sin reconocer que en esa mano hay una herida muy profunda y dolorosa.

Sin ser conscientes de ello, estamos constantemente atacando a esa parte de nosotros mismos que es nuestro autoconcepto, nuestra autoimagen, sencillamente porque nos parece imposible estimarla, acogerla, abrazarla. Es como si nos sintiéramos obligados a acarrear en la vida algo que detestamos. No somos conscientes para nada de que para poder transformar la autoimagen, primero hay que aceptarla y después abrazarla.

> Esa autoimagen solo se sana y se expande con empatía, compasión y capacidad de perdón, no con rechazo.

La sanación es, pues, el resultado de una voluntad decidida de la autoconsciencia ligada al hemisferio cerebral izquierdo de dejar de proyectar y dejar de confabular y, atreverse a mirar hacia el interior. Cuando uno mira hacia dentro, hacia ese lado «oscuro», se va a encontrar primero con esa ira, con esa agresividad, con ese resentimiento que emanan de la herida. Eso es lo que simbolizamos como nuestro «dragón». Si no nos asustamos, si no juzgamos, si nos mantenemos con una actitud abierta, amable y comprensiva, entonces aparecerá ese dolor, esa tristeza, esa soledad, esa impotencia del niño que no se sintió querido. Abrazar ambas caras del autoconcepto, la que hiere y la herida, es esencial en el proceso de sanación.

44
LAS RELACIONES TÓXICAS

Cuando hablamos de relaciones tóxicas tenemos que entender por qué, con tanta frecuencia, cuesta abandonar estos vínculos que generan tanto sufrimiento. La explicación la encontramos en que, por una parte, no se pierde la esperanza de llegar a sentir el cariño que no se sintió de pequeño y, por otra, uno no se cree que merezca aspirar a algo mejor. Es como si esa persona que está aguantando lo que no tendría ya que aguantar se dijera a sí misma: «En el fondo tengo suerte de que esta persona quiera seguir conmigo».

Quien no se valora mucho, tampoco se siente merecedor de que le pasen cosas buenas. Por eso se dan casos en los que si uno de los progenitores fue alcohólico y violento, puede buscarse de manera inconsciente personas parecidas porque en ese entorno familiar quiere ver si puede reescribir su historia. Se trataría como de conseguir una especie de redención personal. A veces, y esto es difícil de entender desde la autoconsciencia, se «provoca» inconscientemente a otra persona para volver a revivir el mismo entorno que se vivió de pequeño. Luego el hemisferio cerebral izquierdo hará lo que quiera, lo que pueda y lo que sepa para mantenerse ciego ante esta situación y buscar otras explicaciones que no obliguen a revisar la verdad de lo sucedido, la existencia de una profunda herida que ni tan siquiera se quiere reconocer. En ocasiones, y para no tener que gestionar esa tormenta emocional que existe en el hemisferio derecho del cerebro, el izquierdo simplemente se disocia de este mundo emocional y del cuerpo físico, ya que el cuerpo es parte del inconsciente, y como ya hemos comentado, el cuerpo «lleva la cuenta» de las emociones experimentadas. Este tipo de disociación convierte a la persona en fría y distante.

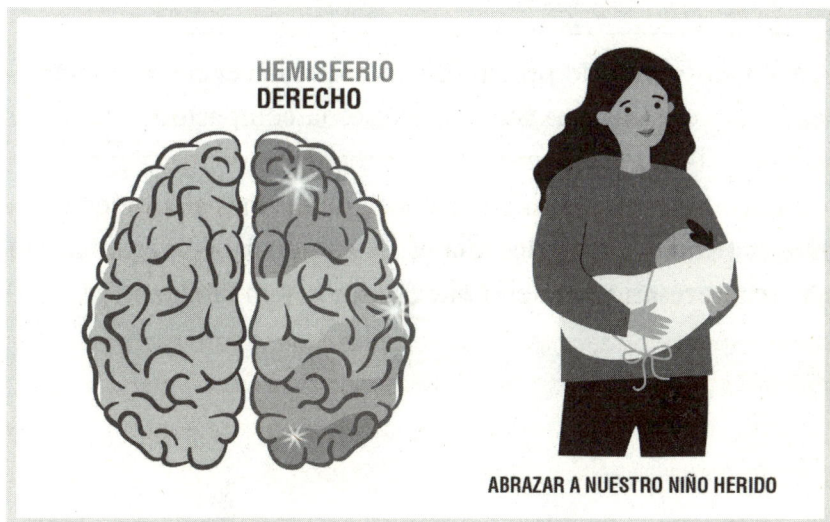

HEMISFERIO DERECHO

ABRAZAR A NUESTRO NIÑO HERIDO

Recuerdo que, cuando apenas había empezado a impartir un curso a un grupo de directivos, uno de los participantes me dijo:

—Me temo que vas a hablar de lo que yo no quiero oír.

Esto sucede cuando alguien no desea mirar en su interior para saber qué es lo que sucede en realidad. Todos tenemos nuestras «sombras» y nuestros «dragones». Repudiar este mundo afectivo es una alternativa, aunque difícilmente una solución.

Decía el gran experto en mitología Joseph Campbell, haciendo referencia al camino del héroe: «El propósito del viaje es la compasión. Cuando superamos el dolor de los opuestos, alcanzamos la compasión». Para mí, lo que esta frase significa es que en ese camino interior en el que nos encontramos con el ego parental o incluso con el niño herido es fácil que experimentemos un profundo rechazo hacia el uno, el otro o los dos. Esto no lleva a la sanación, sino todo lo contrario. La compasión pide primero que aprendamos a entender lo que sienten y necesitan ambos, en lugar de juzgar sus conductas.

> Solo empatizando podemos saber qué hacer para reducir ese dolor existente. Esto es la compasión.

Hay personas que incluso consiguen ir más allá y ejercen la misericordia. La misericordia es el arte de saber perdonar sin que sea necesario para ello ni excusar, ni simpatizar, ni olvidar.

45
LA VOZ QUE NO OÍMOS Y SÍ SENTIMOS

La importancia de lo que estamos viendo es muy grande si entendemos que el autoconcepto y la autoestima son la piedra angular sobre la que se construirá ese «edificio» que es una vida humana. Todo lo que percibimos, lo que pensamos, lo que sentimos y lo que hacemos tiene una gran conexión con la imagen que tenemos de nosotros mismos. Como ya hemos comentado en distintas ocasiones, una serie de mensajes inconscientes pueden estar saboteando las dimensiones de nuestra vida de la manera más sorprendente y creativa sin que seamos para nada conscientes de ello. Muchas personas están constantemente recibiendo mensajes muy duros que proceden de regiones profundas de su psique:

— «No mereces que se te trate bien».
— «A ti nada puede salirte bien».
— «No sirves para nada»
— «Nadie puede quererte»

LA MENTE **REACTIVA**

Si esto fuera algo excepcional y solo le pasara a un número muy limitado de personas, no tendría el impacto que tiene hoy y que se ve en la enorme incidencia de cuadros de ansiedad y de depresión que asolan el mundo. Gran parte de la violencia existente tiene también su raíz en estos conflictos internos que no han sido resueltos.

Hay personas rebeldes que no quieren acatar ninguna norma o regla de conducta. No es de extrañar que dichas personas, cuando fueron niños, tuvieran figuras paternas —padre o madre— muy dominantes. Estos niños ya convertidos en adultos no toleran que nadie les diga lo que tienen que hacer, produciéndose en ellos una inmediata reacción de rechazo. Sin embargo, y a su vez, ellos pueden intentar forzar a otras personas a seguir sus reglas sin ser conscientes de la enorme incoherencia de su conducta. En este caso actúan por una parte como aquel niño al que se le obligaba a hacer algo y, por otra, como la figura paterna que le forzaba a hacerlo. Como vemos, puede haber muchos personajes dormidos en el mismo ser humano. Imaginemos a un adulto que va al aeropuerto de su ciudad a sacar su tarjeta de embarque. Aunque el trabajador de la línea aérea que está en el mostrador le trate de forma correcta, un mínimo comentario puede ser percibido por el pasajero como una provocación —reacción del niño herido— y entonces activarse su ego parental y empezar a expresar con su tono de voz, su manera de mirar y sus palabras una enorme agresividad y prepotencia que pueden descolocar por completo a esa otra persona que le está atendiendo.

> Cuando uno ha interiorizado un ego parental duro y prepotente, puede ir provocando, despreciando a quien ve débil y sin posibilidad aparente de defenderse. Sin embargo, si se encuentra ante alguien a quien percibe como poderoso, puede tomar una actitud muy sumisa.

Hace años me pidieron que diera un curso para una organización empresarial. La dirección de recursos humanos me alertó de que el equipo con el que iba a estar estaban «emocionalmente destrozados». La explicación que se me dio fue que su jefe se había dedicado durante todo un año a hacer que la existencia de cada miembro fuera un infierno. Sin embargo, la actitud tan sumisa que esta misma persona al parecer mostraba a sus jefes, pudo ser la causa de que ninguno de ellos pudiera concebir que podía ser tan duro con los que estaban jerárquicamente por debajo. Solo cuando el impacto negativo de este hombre fue evidente, decidieron tomar cartas en el asunto y despedirle, aunque el daño ya estaba hecho.

46
EN EL CORAZÓN DE NUESTROS SENTIMIENTOS

Si bien es cierto que el núcleo del autoconcepto y la autoestima se gestan a edades muy tempranas de la vida, en la infancia —cero-seis años— y la niñez —seis-doce años—, y se asientan fundamentalmente en el sistema límbico y el hemisferio derecho del cerebro, a medida que el hemisferio izquierdo empieza a madurar, y con ello la capacidad de usar el lenguaje, el niño aprende a describirse como otros le describen. A partir de este momento, junto a una manera de verse y de sentirse, el niño añade una forma de describirse. Por eso, en todo autoconcepto hemos de distinguir estos tres elementos: una imagen —por supuesto asociada a sonidos y sensaciones—, unos sentimientos y una narrativa. En el mantenimiento del propio autoconcepto interviene el cerebro en su conjunto. El sistema límbico y el hemisferio derecho del cerebro aportan la parte experiencial de lo que se ha vivido y que está asociada a imágenes, sonidos y sensaciones, y el izquierdo aporta la descripción, la narrativa, la explicación.

RECUPERAR **LA AUTOESTIMA**

> Para expandir el autoconcepto hace falta tener un impacto tanto en el sistema límbico como en ambos hemisferios del cerebro.

Si alguien abusó de nosotros cuando éramos niños y nos sentimos incapaces de plantarle cara y hacernos valer, marcando claramente los límites, de mayor podemos temer que alguien abuse de nosotros o incluso esperarlo, sabiendo que «seremos incapaces» de ser asertivos y hacerle frente. Este tipo de personas no es que estén atentos y alerta, sino que siempre están en guardia cuando alguien se aproxima, aunque solo sea para preguntarles la hora.

También es cierto que muchos que abusan de otros sin ninguna cortapisa lo hacen porque se encuentran con seres humanos que tienen muy dañada su autoestima y, por eso, se sienten incapaces de hacerles frente.

Hace años vi una película que reflejaba muy bien esta situación. Se trataba de una joven que había mantenido relaciones íntimas con un hombre que luego la abandonó cuando se cansó de ella. Una y otra vez, cuando él la buscaba para mantener de nuevo relaciones, ella se sentía incapaz de decir que no. Existía una debilidad intrínseca que la impedía ponerse firme ante alguien que solo la trataba como objeto de placer. Un buen día la chica conoció a un señor mayor que le recomendó que viera una serie de películas. En todas ellas el protagonista —o la protagonista— tenía una cualidad que era la asertividad. Poco a poco aquella cualidad fue penetrando en el inconsciente de la mujer. El momento más bonito es cuando su expareja la localiza y va a su casa buscando lo mismo. Ante su perplejidad, la joven le dice que no, y lo hace con tanta solidez, con tanto poder interior que aquel hombre se va desconcertado y noqueado por una fuerza que no ha sabido ni cómo digerir. No ha habido ni llantos, ni gritos, ni violencia, solo una fuerza inquebrantable. Por eso es tan importante potenciar el autoconcepto y la autoestima y, por eso, suele ser recomendable ver buenas películas donde se pongan en valor estas virtudes.

A veces, estas heridas de la niñez y la infancia hacen que un adulto sea tremendamente sensible a cualquier rechazo, incluso al rechazo a comprar un producto que esa persona está intentando vender. De alguna manera esto se percibe como un rechazo a la persona que lo vende. Al tomarse las cosas de una manera tan personal, no debe de extrañarnos que la confianza de este vendedor se vea mermada. De hecho, puede suceder que lo que ya se espere de entrada sea el rechazo o incluso que este se favorezca, haciendo un tipo de presentación de ese producto que se quiere vender que esté exenta de entusiasmo y confianza.

> Quien espera ser rechazado en algo o por algo es mucho más fácil que lo sea. La mente es muy poderosa.

También hay adultos que reaccionan de modo muy intenso ante cualquier persona que les genere sensaciones de incompetencia e inseguridad.

La confusión, el miedo, la ira, la frustración, la inquietud, la tensión e, incluso, la depresión que muchas personas notan en sus vidas y que tampoco se pueden explicar por algo concreto que les esté pasando, podría tener su origen inconsciente en esos conflictos que hay entre el niño interior y el ego parental, ambos intentando cubrir sus necesidades. Lo que ocurre es que como el hemisferio cerebral izquierdo, que es la sede de la autoconsciencia, no tiene ni idea de lo que está ocurriendo en el hemisferio derecho, ha de inventarse alguna explicación de por qué uno se siente como se siente.

47
LA LIBERTAD INTERIOR

Alcanzar la libertad interior no es un camino fácil, aunque merezca ampliamente la pena. Saber reconocer en uno mismo que un determinado pensamiento, un sentimiento o una conducta responden al niño herido o al ego parental y no corresponden a un adulto maduro, puede llevarnos a tomar nuevas decisiones que no nos lleven adonde nos quieren dirigir esas inclinaciones. Poco a poco, momento a momento, día a día, uno va desarrollando esas «alas de la libertad» que nos permiten dejar estos elementos pasados donde les corresponde, y que es en el pasado, y no permitir que se cuelen en el presente y determinen nuestro futuro. Hay que tener un gran nivel de compromiso y de compasión con uno mismo para avanzar por este arduo camino, ya que muchas de las imágenes que veamos, de los sonidos que escuchemos, de las sensaciones y de los sentimientos que tengamos, nos van a recordar algo que nos sucedió de pequeños y van a despertar algunos de nuestros «personajes dormidos». Esta es una de las razones por las que los seres humanos somos tan reactivos y nos alteramos con tanta frecuencia por cosas que son tan irrelevantes.

Si nos imaginamos cómo es la rueda de un carro, en el centro están esas vivencias emocionales que tuvimos de niños. Toda la parte de fuera es la exposición que tenemos a determinadas imágenes, sonidos, sentimientos y sensaciones. Como sabemos, en la rueda de un carro hay múltiples radios que conectan la superficie con su centro. Una serie de estímulos a los que se denomina *triggers* —como el gatillo de una pistola—, activarían a través de esos radios el centro de la rueda.

Todos somos, en general, bastante más sensibles a la crítica que a la alabanza, y eso suele ser por un autoconcepto muy limitante.

Hemos de ser cuidadosos a la hora de criticar a una persona y buscar hacerlo de una manera que no dañe su autoestima.

— Decimos que una crítica es constructiva cuando lo que realmente busca es ayudar a alguien a crecer, a que tenga mayor éxito.
— Una crítica es destructiva cuando la verdadera intención, por oculta que esté, lo que realmente busca es impedir que alguien crezca y mejore, o bien, hacernos sentir superiores frente a ella.

Muchas personas que tienen un autoconcepto muy limitante se llenan de ansiedad cuando alguien les trata bien porque dan por hecho que cuando descubran que son «un fraude», empezarán a tratarles mal. De alguna manera consideran que no pueden aspirar a nada mejor. No es nada raro que prefieran no conocer la verdad que enfrentarse al dolor que supondría reconocerla.

Podríamos resumir todo lo visto diciendo que detrás de lo que creemos que queremos y detrás de lo que interpretamos que hacemos, existe algo más profundo: unas necesidades que la persona anhela cubrir. De alguna manera, lo que sucede en los estratos profundos de la mente inconsciente es irracional para la mente consciente.

Muchas de las torpezas que cometemos en la vida y que generan en otras personas críticas hacia nosotros, lo único que buscan, sin que seamos por supuesto conscientes de ello, es reforzar nuestros sentimientos de ser insuficientes.

El niño interior operando por debajo de la consciencia puede provocar situaciones que le recuerden lo «estúpido que es». Esto genera un enorme desconcierto en las personas que no consiguen comprender cómo es posible que cometan siempre las mismas «estupideces». Por otra parte, hay gente que está deseando sentirse provocada por otras personas para tener así una ocasión de despreciarlas. Es algo así como «necesito humillarte para que sepas cómo me sentí yo de niño».

Como vemos, tanto estas necesidades del niño interior herido y del ego parental que buscan ser cubiertas utilizan estrategias que son muy destructivas y generan un gran sufrimiento. En el fondo, más allá de estas estrategias, están las verdaderas necesidades no cubiertas y que son la necesidad de sentirse querido y de sentirse válido y capaz. Sin embargo, la forma en la que esto se expresa es altamente disfuncional, ya que lo hace como un impulso que busca herir y ser herido, rechazar y ser rechazado. No es raro que haya personas que estén completamente convencidas de que buscan encontrar otras que las quieran y las valoren y, sin embargo, lo que «curiosamente» se acaba encontrando es justo lo opuesto.

Hay individuos que se sienten culpables cuando tienen éxito y que nunca quieren apuntar muy alto en la vida porque, internamente, creen que no se lo merecen. Una voz interior negativa no deja de mandar mensajes tales como «no mereces tener éxito» o «nada de lo que haces vale la pena y nunca la valdrá». Por eso, hay personas cuyo mayor fracaso es tener éxito. Debemos tener en cuenta que en este caso, la propia autoimagen tiene un poder seductor tan grande que se prefiere lo conocido, lo familiar, a lo que no lo es. Deja bastante perplejo que un ser humano pueda sabotear de tal manera su vida sin ser consciente de que lo está haciendo.

Cuando Freud habló del complejo de Edipo y del complejo de Electra, la sociedad vienesa de la época se volvió furiosa contra él. No podían aceptar que tales conflictos sexuales existieran en unas criaturas tan inocentes como los niños.

> No es nada fácil de admitir que dentro de nosotros y a edades muy tempranas puedan gestarse un sádico —el ego parental— y un masoquista —el niño inconsciente—.

Sin embargo, da la sensación de que esto sí es así y explica muchas conductas que de otra forma serían por completo incomprensibles. Este mundo interior inconsciente tiene tintes de drama y a veces de tragedia. Por eso, es tan importante salir de algo que nos quita tanto y nos da tan poco.

48
NO ES UNA CONTRADICCIÓN, ES UNA PARADOJA

Yo entiendo que a muchas personas les parezca imposible que los seres humanos, que somos criaturas tan inteligentes, podamos quedar atrapados en dinámicas mentales tan disfuncionales. Por eso, es esencial que entendamos la importancia extrema que tiene el sentido de identidad. Hasta las personas a las que no les gusta nada como son, al menos saben que son como no les gusta ser.

> El error que cometemos es que, una vez que nos hemos construido una identidad, creemos que no podemos ser ninguna otra cosa, que dicha identidad no se puede cambiar.

Lo que está fuera de esa identidad, el no saber ni siquiera quién soy o quién no soy, se vive con una enorme angustia que es equiparable a la sensación de muerte. Por eso, nos aferramos no a la vida, sino a nuestra identidad, a nuestro autoconcepto, a nuestra autoimagen.

Como ya hemos visto en distintas ocasiones, el hemisferio izquierdo del cerebro es una de las bases anatómicas sobre las que se sustenta el ego o falsa identidad, ese personaje que ha sustituido a la persona y que forma parte de la narrativa que está dirigiendo nuestra vida.

> El ego es una estructura mental con implicaciones físicas y que busca por encima de todo su supervivencia, aunque ello implique llenar de sufrimiento la vida de esa persona en la que su propio ego se asienta.

El ego está, por tanto, enfocado siempre en su protección y no muestra ninguna proactividad a la hora de ayudar a esos otros seres humanos que pueden encontrarse en una situación desfavorable. Para el ego la cooperación no tiene ningún sentido. En un mundo escaso como el que él contempla, de lo único que entiende el ego es de competición y rivalidad; de amigos y de enemigos. Esto contrasta con la visión del hemisferio cerebral derecho, que lo único que contempla son maestros.

Es importante destacar que en el sistema operativo, tanto del hemisferio cerebral izquierdo como del derecho, existe un lado oscuro y un lado luminoso. El lado oscuro fomenta la destrucción y el lado luminoso la construcción. Es un error de base querer anular el dado oscuro porque al intentarlo lo que conseguimos es que se refuerce. Lo que hay que hacer es integrarlos en un proceso de tales características que lo que emerja sea algo completamente nuevo y transformador.

Si hablamos del lado oscuro del hemisferio izquierdo del cerebro tenemos que hablar de ese ego que habita en él y que

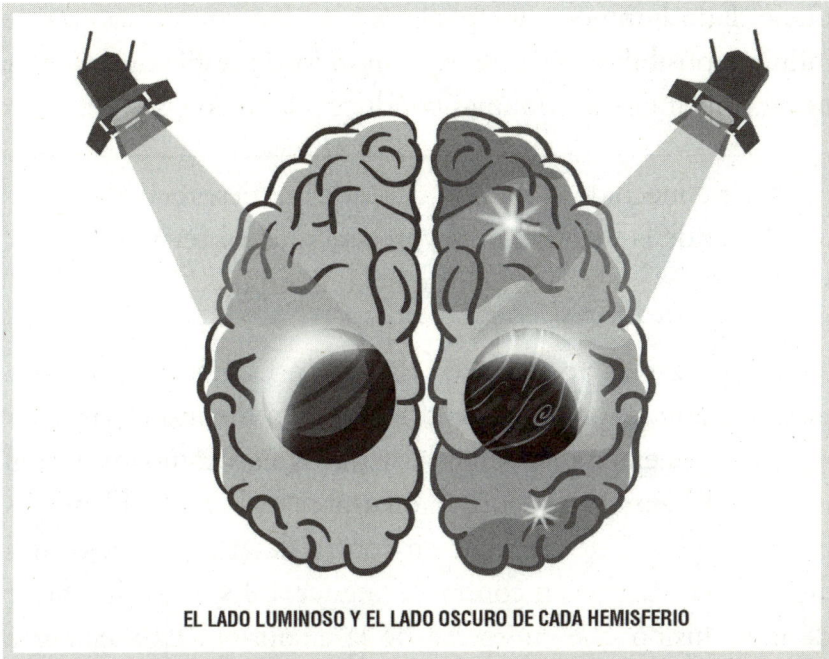

EL LADO LUMINOSO Y EL LADO OSCURO DE CADA HEMISFERIO

está obsesionado por controlar, por sentirse seguro, valorado y reconocido. Sin embargo, de lo que se trata, es de tener un ego lo más funcional posible, es decir, que le importe la seguridad, pero que no viva obsesionado por ella, que le guste la competición y ganar, pero que no se desmorone y deprima si pierde. La figura del ego no hay que destruirla, sino integrarla. Por otro lado, saber analizar las cosas con precisión es una gran ventaja, mientras que no lo es la parálisis por análisis. Intentar medir las cosas es valioso, mientras que pensar que solo existe lo que se puede medir, igual no lo es tanto. Seguir unas reglas concretas y bien articuladas da buenos resultados, mientras que ser una persona rígida, inflexible y obsesionada por seguir ciertas reglas puede no ser tan beneficioso.

También el sistema operativo del hemisferio cerebral derecho tiene un lado oscuro y un lado luminoso. El lado oscuro nos conecta directamente con los traumas del pasado, mientras que el lado luminoso nos pone en relación con un campo de infinitas posibilidades que es el mundo del espíritu. Intentar negar, suprimir esos traumas conduce a la neurosis.

> Vivir conectado al mundo del espíritu, despreciando el mundo de la materia, no favorecerá que sobrevivamos en la Tierra por mucho tiempo.

Una vez más vemos que la solución está en la unión, en integrar tanto el lado oscuro como el lado luminoso para permitir así que emerja algo nuevo. Sería algo así como «vencer al mal en el bien» y no «luchar contra el mal con el bien». Es mejor ir a favor de algo que en contra de algo. Es mejor ir a favor de la paz que en contra de la guerra. Es mejor ir a favor de la inclusión que en contra de la exclusión. Es mejor ir a favor de la abundancia para todos que en contra del hambre de muchos. El propio lenguaje que usamos ya mueve unas energías u otras. A veces, ciertas expresiones tienen la capacidad no solo de hacernos sentir cosas diferentes, sino también de vivirlas de forma distinta.

49
La consciencia unificada

En el hinduismo, la consciencia dividida es *samsara* —«el infierno»— y la consciencia unificada es *nirvana* —«el paraíso»—. Cuando la autoconsciencia ligada al hemisferio izquierdo del cerebro se abre a la consciencia no autoconsciente del hemisferio cerebral derecho, la acoge y se produce la integración, tiene lugar lo que se conoce como el *despertar espiritual* o *iluminación*. Esto es lo que han experimentado los grandes místicos de las distintas tradiciones. Por eso el objetivo fundamental al que se orienta la búsqueda es a superar esta división entre el hemisferio izquierdo —dualista— y el derecho —holístico—. Por eso cuando hablamos de trascendencia estamos hablando de ir más allá de las necesidades corporales y de las de la mente egoica, para poder acceder así a ese nivel superior de conocimiento al que llamamos sabiduría. Esta conexión con lo sagrado nos permite ver la eternidad en cada cosa y en cada instante. Este nuevo nivel se expresa, como comentamos ante-

riormente, a través del arte en sus formas, de la geometría
sagrada y también de la mitología. La persona va más allá de
sus necesidades corporales de supervivencia y reproducción
dependientes del hipotálamo (ID) y también más allá de las
necesidades de seguridad, control, estatus y pertenencia, propios del ego. Hablamos de un ego en el que está integrado tanto
el niño herido como el ego parental y el ego adulto.

> Transcender es ir más allá de la realidad inmediata,
> del mundo que nos muestran nuestros sentidos externos,
> más allá del mundo de los instintos y del mundo del ego,
> que solo entiende de división, de separación y de luchas
> de poder.

La trascendencia es una característica inherente del Ser, no
del tener. Por eso el coraje de Ser es también el coraje de confiar y el coraje de trascender. Todos tenemos el deseo de tener
y el anhelo de Ser, el anhelo de trascender. Cuando una persona trasciende se da cuenta de que la plenitud se esconde en el
vacío y el todo se esconde en la nada. Hay razones para confiar
y hay razones para esperar. De ahí la importancia de estar
orientados más allá de lo inmediato, lo útil, lo cómodo, lo agradable y lo práctico.

Nosotros habíamos creído que el mundo estaba definido
tan solo por la materia y por las coordenadas de tiempo y espacio. Esta es la denominada visión materialista. Sin embargo, hay
algo mucho más amplio que este mundo y es la consciencia. Por
eso cuando se eleva la consciencia individual y colectiva también se está cambiando el mundo. El materialismo racionalista
que domina el pensamiento actual hace que no experimentemos realmente la naturaleza, sino que la observemos, la analicemos y la describamos.

CONSCIENCIA **UNIFICADA**

Cuando la consciencia se ha unificado, no se puede considerar aisladamente ningún elemento, sino que todo se ve en relación. En toda parte se ve su relación con el todo y en el todo se distinguen las diferentes partes que lo constituyen, de tal manera que sea parte y todo de forma simultánea.

> Desde la autoconsciencia ligada al hemisferio izquierdo del cerebro el todo está hecho de partes, mientras que desde la consciencia unificada está hecho de otras totalidades a las que se conocen como *holones.*

Sería la relación lo que constituiría ese espacio de posibilidad para que las distintas partes se integraran formando un todo. Tenemos que aceptar que sabemos poco y controlamos aún menos. Como decía el gran físico teórico danés Niels Bohr: «Mi trabajo no consiste en investigar cómo es la naturaleza, sino en qué se puede decir acerca de ella».

Lo que evita que avancemos en esa necesidad de autorrealización a la que se refería Abraham Maslow es que muchas veces ni tan siquiera hemos cubierto nuestras necesidades de sentirnos seguros, de sentirnos queridos y de sentirnos capaces. Hay personas que ni siquiera han cubierto sus necesidades fisiológicas más elementales.

Si el hemisferio cerebral izquierdo representa al ser humano hablando de la naturaleza, el derecho representa a la naturaleza hablando a través del hombre.

Despliega tu grandeza
Meditación

Escuchar con auriculares estéreo a través del código QR. En posición sentado o tumbado en un lugar tranquilo y alejado de cualquier actividad que requiera prestar atención. Duración: 36 minutos y 16 segundos.

Busca una postura cómoda en la silla con la columna estirada, las piernas descruzadas y los brazos apoyados en los muslos o en el regazo... Pon las palmas de las manos mirando hacia arriba y... permite que una suave sonrisa se vaya dibujando en tu rostro... Empieza ahora a prestar atención a las sensaciones de tu cuerpo en contacto con la silla y a las sensaciones de tus pies apoyados firmemente en el suelo... Y aunque pudieran surgir pensamientos que intentan captar tu atención, con amabilidad y con firmeza lleva la atención a los movimientos suaves y armónicos de tu respiración... y observa cómo ese movimiento de tu respiración viene y va como las olas del mar... Y a medida que va teniendo lugar ese movimiento armónico y natural de tu respiración, vas a ir percibiendo cómo todos tus músculos se van aflojando desde la coronilla hasta la punta de los dedos de los pies, llenándote de una sensación de calma, serenidad y paz interior... Permite ahora que con cada espiración tu cuerpo se vaya relajando aún más, liberando así cualquier tensión que pudiera haberse acumulado a lo largo de los días, de las semanas o de los meses... Y ahora te voy a pedir que lleves tu atención a la planta de los pies y que empieces a notar esa sensación de íntima conexión con la tierra, esa sensación de solidez, de afianzamiento y de seguridad... Y a medida que avanzas en este proceso para desplegar tu verdadera grandeza, vas a ir experimentando de forma cada vez más intensa esa calma imperturbable y esa confianza inamovible que proceden de tu esencia, de ese centro donde reside tu verdadero poder interior... Conecta ahora con esa maravilla que es tu cuerpo para descubrir qué parte de él está más íntimamente conectada con tu esencia, con quien realmente eres, con tu verdadero centro, con aquello que te da estabilidad... puede que esa conexión la notes con más intensidad en el abdomen, el pecho o quizás en cualquier otro lugar..., busca ese lugar... y ahora puedes permitir que surja en tu mente un número en una escala de uno a diez que describa la intensidad de esa sensación de calma, solidez y confianza que ahora estás experimentando... ¿Qué es lo que necesitarías ahora para aumentar aún más esa sensación?... Permite que sea tu inconsciente creativo el que te brinde una imagen, un símbolo, un sonido, una sensación, un sentimiento que potencie esa calma, esa serenidad, esa seguridad, esa con-

fianza que estás sintiendo ahora... Si tú quieres, puedes darte
permiso para seguir mejorando, creciendo, evolucionando...
Ahora, si así lo decides, puedes abrirte a la posibilidad de que
una transformación interior muy profunda y positiva esté
teniendo lugar dentro de ti, en este momento, aquí y ahora...
Esta transformación no solo está influyendo ya en tu presente,
sino que, además, va a tener un impacto muy positivo tanto en
tu pasado como en tu futuro. Tu inconsciente creativo está
accediendo en este mismo momento a los registros de tu memoria... Ahí se acumulan todas tus experiencias pasadas... cuando
eras pequeño, cuando eras pequeña. Ahí están muchas de las
creencias que no te han dejando avanzar, que no te han permi-
tido reconocer que tienes alas y que tú no naciste para andar
con dificultad, sino para volar en libertad... En tu infancia, en
tu niñez, en tu adolescencia y en tu madurez, tal vez interpre-
taste ciertas cosas que te pasaron como una evidencia incuestionable de tu falta de talento, de capacidad y de valor... Hoy
desde el presente tu inconsciente creativo, tu maestro interior,
está ya transformando esos registros por otros que se ajustan
mucho más a la realidad de quien eres, una persona llena de
valor y de capacidad, una persona digna de ser amada... Tu
inconsciente creativo está activando la neuroplasticidad, ese
proceso de reinvención en el que comienzas a formar nuevas
neuronas, nuevas conexiones y nuevos circuitos... Esos registros
de la memoria que te estaban limitando mantendrán la información que hay en ellos y, sin embargo, al cambiar la valoración, la interpretación que hiciste de lo que te pasó, empezarán
a dejar de limitarte... Aquel error que cometiste, lejos de reflejar una supuesta torpeza, en realidad mostraba a alguien que se
había atrevido a probar un camino diferente... Aquella aparente incapacidad para aprender algo no reflejaba una supuesta
falta de inteligencia, sino que mostraba la necesidad de perse-

verar más... Aquella sensación de abandono, lejos de reflejar tu falta de valor, solo era la expresión de la marcada dificultad que muchas personas tienen para reconocer aquello que es realmente valioso... Tu inconsciente creativo ya está cicatrizando esas heridas y las está transformando en un motor para que te muevas en el presente y avances en el futuro con el entusiasmo, la serenidad y la confianza que necesitas para poder atraer la verdadera abundancia a tu vida... Aquellas limitaciones que experimentaste en el pasado ya han perdido cualquier poder para seguir formando parte de tu presente y para decidir tu futuro... Ahora tú eres la voz, tú eres quien está al mando, tú eres quien lidera tu vida, tú eres quien puede construir una nueva realidad... escucha esa voz que procede de tu verdadero ser y que te dice que tú sí puedes crear una vida extraordinaria... Ahora tú eres capaz de manifestar algo nuevo y diferente, un mayor nivel de salud, de bienestar, de prosperidad y de felicidad... Que hasta ahora no hubieras podido lograrlo no quiere decir que a partir de ahora no vayas a poder... A medida que tu inconsciente creativo vaya reescribiendo algunos de esos guiones que habían actuado como un lastre en tu vida, empezarán a emerger nuevos recursos, talentos y capacidades que, aunque se encontraban ya dentro de ti, estaban dormidos... Previo a esta experiencia que ahora estás viviendo y en la que tu inconsciente creativo, tu maestro interior, ha estado reseteando tu mente, no habías sido consciente de ese poder que siempre había estado dentro de ti... Y por eso, a medida que te sumerges más y más en este proceso de desplegar tu grandeza, sientes cómo cada vez conectas con mayor intensidad con esa sabiduría que todo lo sana, que todo lo transforma y que todo lo une... Cuando te dejas guiar por tu inconsciente creativo empiezan a abrirse nuevas puertas en tu vida para que tengas acceso a todo un mundo de posibilidad... Y a medida que avanzas en este proceso de resetear tu mente para desplegar tu grandeza, vas ampliando aún más tu nivel de consciencia... Y descubres que tú sí puedes experimentar eso que anhelas en la vida porque ahora tienes una nueva sensación de quién eres en realidad y, por tanto, de eso a lo que sí puedes aspirar... Y mientras disfrutas de estas nuevas sensaciones, imagina la repercusión que puede tener en tu vida futura el ser ahora aún más consciente del valor y la grandeza que hay dentro de ti... Permite que esas sensaciones que estás experimentando resuenen cada vez con más profundidad en tu cuerpo y que los descubrimientos que estás haciendo se vayan integrando en esa nueva forma mucho más positiva de verte y de percibirte... Quizás ahora sea un buen momento para agradecerte el compromiso que estás demostrando por mejorar y vivir una vida extraordinaria... Tú puedes ahora buscar unas palabras para expresarte gratitud... Y puedes imaginar el impacto que tienen esas palabras en tu cuerpo, en tu mente y en tu alma... Ahora te voy a invitar a que comiences a sentir con mayor intensidad esa energía sutil que fluye desde tu inconsciente creativo y que te está permitiendo el acceso a todo un mundo de oportunidad... Sigue el ritmo, el fluir de esa energía, y permítele que te muestre aquello que necesitas conocer de ti... Ábrete a la aventura y al descubrimiento... Mantén esa curiosidad que ayuda a conocer, a comprender y a aprender... Nota, percibe cómo estás en un espacio en el que algo nuevo y extraordinario está empezando a emerger... Estás recorriendo una nueva senda, un nuevo camino hacia un futuro extraordinario, un futuro que va a impactar no solo en tu vida, sino también en la de tus seres queridos... y puedes comenzar a sentir cómo aparecen nuevas posibilidades que antes ni siquiera sabías que existían... Y a medida que vas recorriendo ese camino, la sensación de que se está desplegando tu verdadero potencial se va haciendo cada vez más intensa y agradable... Y puedes sentir cómo vas avanzando con determinación, ilusión y confianza hacia un futuro extraordinario y lleno de excepcionales oportunidades... Y conforme sigues progresando en este proceso en el que tu inconsciente creativo está reseteando tu mente, van emergiendo de manera natural nuevos recursos y habilidades... Y mientras sientes que una energía mágica y transformadora fluye por tu interior y te guía, sabes que está sucediendo algo extraordinario y profundamente transformador dentro de ti... Sabes que aquello que te bloqueaba en el pasado, ya no va a tener el poder de bloquearte más... Ahora eres más consciente de que tienes fortalezas y recursos que no sabías que tenías... Y ahora que te ves de una forma diferente, con muchos más recursos y fortalezas, comprendes que puedes convertir tus sueños en realidad... Descúbrete viviendo ese sueño, esa visión profundamente inspiradora... Este fiarte de la vida, este dejarte guiar por tu inconsciente creativo, por tu maestro interior, te está permitiendo conectar con ese extraordinario poder que te renueva por completo, que sana tus heridas emocionales y que te ofrece un nuevo paisaje interior... Estás dando un paso hacia adelante para convertirte en esa persona que estás llamada a ser... Y cuando das ese paso puedes empezar a notar un nuevo nivel de ilusión, de alegría, de serenidad y de confianza... Y dado que este proceso de transformación interior es cada vez más sólido profundo, las capacidades y fortalezas que están emergiendo también las vas a ir integrando con mayor hondura... ahora... Y esto te hace tener una disposición curiosa a la hora de descubrir lo que realmente es posible en tu vida y de qué manera puedes llegar a trasmitir con tu presencia esa energía creadora que fluye por tu interior... Estás comprendiendo ahora que cuando dejas de querer controlar y te abres a esa guía que te ofrece tu inconsciente creativo puedes convertir cualquier problema con el que te encuentres en una oportunidad de crecimiento y mejora personal... Es extraordinario descubrir cómo tu maestro interior sabe buscar y encontrar soluciones creativas en los lugares más insospechados y ofrecértelas de la manera más original para que sigas avanzando en tu camino hacia la plenitud... Tu maestro interior es esa ayuda imprescindible que te ayuda a crear, a manifestar, a materializar eso que anhelas... Él te ofrece nuevos mapas, nuevos recursos, nuevas capacidades y te guía también por nuevos caminos... Es tu inconsciente creativo el que conecta tu consciencia con ese universo que es fuente de infinitas posibilidades y es también tu inconsciente creativo el que te está ofreciendo una nueva forma de ser y de estar en el mundo...

Ahora sabes que cada vez que te embarques en este proceso de resetear tu mente para desplegar tu grandeza irás afianzando más y más en ti ese nivel de presencia que es capaz de atraer la abundancia a tu vida... Ahora sabes que dentro de ti, en tu esencia, radica el poder para crear una nueva realidad...

Te voy a pedir ahora que empieces a tomar de nuevo consciencia de las sensaciones de tu cuerpo sentado en la silla y comiences a mover suavemente los dedos de los pies y los dedos de las manos... Lleva ahora tu atención a las sensaciones de tu respiración... Toma ahora una, dos o tres respiraciones profundas y ve abriendo progresivamente tus ojos para volverte a sentir plenamente orientado, orientada, en tiempo y espacio... Dedica ahora unos breves instantes para estirarte y recuperar plenamente el tono muscular de partida.

AGRADECIMIENTOS

A mi mujer Isabela y a mis hijos Mario, Joaquín y Borja, por ayudarme a mejorar enseñándome cosas nuevas cada día.

A mis padres José María y María Celia, a Joaquín Lluch Rovira y a mis grandes amigos Pablo Antoñanzas, Juan Picón, Antonio Fernández, por ese recuerdo inolvidable que han dejado en lo más profundo de mi corazón.

A mis cinco hermanos José María, Manolo, Juan Ignacio, Fernando y Alejandro, por ser para mí una referencia en tantas cosas.

A todos mis familiares y amigos por darme ese tesoro que se llama afecto y amistad.

Quiero manifestar mi especial gratitud y afecto a María Benjumea, Paris de L'etraz, Jaime Antoñanzas, Javier Antoñanzas, Jesús Valderrábano, Ignacio Gómez Sancha, Leopoldo Boado, Genaro Pena, Fernando Fernández, Pilar Casaseca, Mercedes Redondo, Juan Abarca Cidón, Francisco Reinoso, Salvador Torres, María Eugenia Collado, Jorge Montes, Ian Triay y Jordi Nadal. Gracias por ser para mí una fuente tan grande de inspiración.

A la IE University y muy especialmente a Diego del Alcazar y Silvela, Diego del Alcázar Benjumea, Juanjo Güemes, Santiago Íñiguez, Salvador Carmona, Miguel Larrañaga y Miguel Costa.

A todo el equipo del Center for Health, Well-Being and Happiness de la IE University y, muy especialmente a Amélie de Marsily, Lee Newman, Norman Kurtis, Nick van Dam, Candela Terriza y Gonzalo Llanes.

A la Fundación Rafael del Pino y muy especialmente a su presidenta María del Pino y a su director Vicente Montes.

A todo el equipo de WOBI y muy especialmente a su presidente Alberto Saiz.

Al Spain Startup and South Summit.

Al Centro Europeo de Estudios y Formación Empresarial Garrigues.

A YPO-WPO y muy especialmente a Ángel y Germán García Cordero.

Al IDDI de la Universidad Francisco de Vitoria.

A la Fundación Juegaterapia y muy especialmente a su presidenta, Mónica Esteban, por la maravillosa labor que llevan a cabo.

Al fantástico equipo de la editorial Espasa y muy especialmente a Ana Rosa Semprún, Virginia Galán y David Cebrián.

Al Harvard Club of Spain.

A la fundación CEDE.

A los profesionales de la medicina, la psicología y los abordajes terapéuticos complementarios que han hecho de su vida un compromiso para mejorar la salud global de otros seres humanos.

A los profesionales de la gastronomía española y muy especialmente a Mario, Diego y Rafael Sandoval.

A los profesionales de la docencia que buscan dar lo mejor de sí, a pesar de que muchas veces ellos no son valorados como sin duda merecen.

A todas aquellas personas que desde cualquier ámbito social aúnan esfuerzos para que nuestra sociedad comprenda que el único camino es la comprensión, el respeto y la ayuda mutua.

BIOGRAFÍA

Aula Cajal, Ilustre Colegio de Médicos de Madrid.

MARIO ALONSO PUIG es médico, especialista en cirugía general y del aparato digestivo y Chairman del Center for Health, Well-Being and Happiness del IE University. Además, es Fellow en Cirugía por la Universidad de Harvard en Boston, ITP por el IMD de Lausana, certificado en Coaching Sistémico por el Instituto Tavistock de Londres y en Hipnosis ericksoniana por el Instituto Milton Erickson de Scottsdale en Arizona. Asimismo, se formó en medicina mente-cuerpo en el Instituto Mente-Cuerpo de la Universidad de Harvard, cuyo presidente fue el doctor Herbert Benson, y en MBSR (*Mindfulness Based Stress Reduction*) con el Center for Mindfulness in Medicine Health Care and Society, adscrito a la UMASS Medical School.

Es miembro del Applied Innovation Institute (AII) radicado en Silicon Valley, California, y del GNH Centre de Bután, estando certificado como GNH practitioner por dicho centro. Además de su práctica como cirujano a lo largo de veintiséis años, se formó y trabajó durante dos años en el Instituto de Ciencias Neurológicas de Madrid.

El doctor Alonso Puig ha sido invitado a hablar sobre liderazgo, gestión de la incertidumbre, estrés, creatividad, comunicación, salud, bienestar y felicidad en congresos, universidades, hospitales, empresas e instituciones de más de treinta países en los cinco continentes y es patrono de honor de la Fundación Juegaterapia.

En el 2012 recibió el premio al mejor comunicador en salud por la ASEDEF. En el 2013 ganó el Premio Espasa de Ensayo. En el 2014 ganó el Premio Know Square a la trayectoria divulgativa ejemplar y en enero del 2019 recibió el Premio Cubi 2018 Gastronomía Saludable concedido por la FACYRE (Federación de Cocineros y Reposteros de España). En el 2019 también recibió el Premio Optimistas Comprometidos en la categoría de transformación social.

Ha escrito otros diez libros: *Madera de líder, Vivir es un asunto urgente, Reinventarse: tu segunda oportunidad* (36 ediciones y traducido a 14 idiomas), *Ahora Yo, La respuesta, El cociente agallas* (Premio Espasa de Ensayo 2013), *El guardián de la verdad y la tercera puerta del tiempo, ¡Tómate un respiro! Mindfulness, el arte de mantener la calma en medio de la tempestad, Tus tres superpoderes para lograr una vida más sana, próspera y feliz y 365 ideas para una vida plena.*